中华精神家园

强健之源

少林传奇

少林功夫历史与文化

肖东发 主编 李 勇 编著

中国出版集团

现代出版社

图书在版编目（CIP）数据

少林传奇 / 李勇编著. — 北京：现代出版社，
2014.11（2019.1重印）
（中华精神家园书系）
ISBN 978-7-5143-3056-4

Ⅰ. ①少… Ⅱ. ①李… Ⅲ. ①少林武术－介绍 Ⅳ.
①G852

中国版本图书馆CIP数据核字（2014）第244352号

少林传奇：少林功夫历史与文化

主　　编： 肖东发
作　　者： 李　勇
责任编辑： 王敬一
出版发行： 现代出版社
通信地址： 北京市定安门外安华里504号
邮政编码： 100011
电　　话： 010-64267325　64245264（传真）
网　　址： www.1980xd.com
电子邮箱： xiandai@cnpitc.com.cn
印　　刷： 固安县云鼎印刷有限公司
开　　本： 710mm×1000mm　1/16
印　　张： 10
版　　次： 2015年4月第1版　2021年3月第4次印刷
书　　号： ISBN 978-7-5143-3056-4
定　　价： 29.80元

党的十八大报告指出：“文化是民族的血脉，是人民的精神家园。全面建成小康社会，实现中华民族伟大复兴，必须推动社会主义文化大发展大繁荣，兴起社会主义文化建设新高潮，提高国家文化软实力，发挥文化引领风尚、教育人民、服务社会、推动发展的作用。”

我国经过改革开放的历程，推进了民族振兴、国家富强、人民幸福的中国梦，推进了伟大复兴的历史进程。文化是立国之根，实现中国梦也是我国文化实现伟大复兴的过程，并最终体现为文化的发展繁荣。习近平指出，博大精深的中国优秀传统文化是我们在世界文化激荡中站稳脚跟的根基。中华文化源远流长，积淀着中华民族最深层的精神追求，代表着中华民族独特的精神标识，为中华民族生生不息、发展壮大提供了丰厚滋养。我们要认识中华文化的独特创造、价值理念、鲜明特色，增强文化自信和价值自信。

如今，我们正处在改革开放攻坚和经济发展的转型时期，面对世界各国形形色色的文化现象，面对各种眼花缭乱的现代传媒，我们要坚持文化自信，古为今用、洋为中用、推陈出新，有鉴别地加以对待，有扬弃地予以继承，传承和升华中华优秀传统文化，发展中国特色社会主义文化，增强国家文化软实力。

浩浩历史长河，熊熊文明薪火，中华文化源远流长，滚滚黄河、滔滔长江，是最直接的源头，这两大文化浪涛经过千百年冲刷洗礼和不断交流、融合以及沉淀，最终形成了求同存异、兼收并蓄的辉煌灿烂的中华文明，也是世界上唯一绵延不绝而从没中断的古老文化，并始终充满了生机与活力。

中华文化曾是东方文化摇篮，也是推动世界文明不断前行的动力之一。早在500年前，中华文化的四大发明催生了欧洲文艺复兴运动和地理大发现。中国四大发明先后传到西方，对于促进西方工业社会的形成和发展，曾起到了重要作用。

　　中华文化的力量，已经深深熔铸到我们的生命力、创造力和凝聚力中，是我们民族的基因。中华民族的精神，也已深深植根于绵延数千年的优秀文化传统之中，是我们的精神家园。

　　总之，中华文化博大精深，是中国各族人民五千年来创造、传承下来的物质文明和精神文明的总和，其内容包罗万象，浩若星汉，具有很强的文化纵深，蕴含丰富宝藏。我们要实现中华文化伟大复兴，首先要站在传统文化前沿，薪火相传，一脉相承，弘扬和发展五千年来优秀的、光明的、先进的、科学的、文明的和自豪的文化现象，融合古今中外一切文化精华，构建具有中国特色的现代民族文化，向世界和未来展示中华民族的文化力量、文化价值、文化形态与文化风采。

　　为此，在有关专家指导下，我们收集整理了大量古今资料和最新研究成果，特别编撰了本套大型书系。主要包括独具特色的语言文字、浩如烟海的文化典籍、名扬世界的科技工艺、异彩纷呈的文学艺术、充满智慧的中国哲学、完备而深刻的伦理道德、古风古韵的建筑遗存、深具内涵的自然名胜、悠久传承的历史文明，还有各具特色又相互交融的地域文化和民族文化等，充分显示了中华民族的厚重文化底蕴和强大民族凝聚力，具有极强的系统性、广博性和规模性。

　　本套书系的特点是全景展现，纵横捭阖，内容采取讲故事的方式进行叙述，语言通俗，明白晓畅，图文并茂，形象直观，古风古韵，格调高雅，具有很强的可读性、欣赏性、知识性和延伸性，能够让广大读者全面接触和感受中国文化的丰富内涵，增强中华儿女民族自尊心和文化自豪感，并能很好继承和弘扬中国文化，创造未来中国特色的先进民族文化。

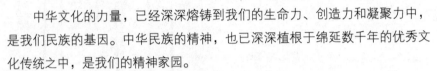

2014年4月18日

源起嵩山——禅武合一

跋陀在少林祖庭初传功夫 002

达摩祖师创立禅武合一 008

二祖慧可断臂立雪得真传 015

隋代少林众僧习武护寺 022

少林寺十三棍僧救唐王 027

道广开创南少林武功 034

高僧福居完善少林功夫 039

发扬光大——再展雄风

048 赵匡胤创少林太祖长拳

052 侗获真传高徒辈出

056 岳飞发扬少林六合枪法

062 福裕觉远发扬少林功夫

独步天下——华夏神功

072 朱元璋少林寺拜师学艺

080 明代少林设立僧兵制度

085 月空小山率武僧痛击倭寇

093 俞大猷回传少林实战棍术

099 扁囤和尚发扬少林棍法

誉满神州——再创辉煌

癫和尚创立少林八极拳 108

姬际可创少林心意六合拳 113

买壮图传播心意六合拳 121

蔡玉明完善少林五祖拳 129

铁线拳咏春拳誉满天下 136

黄飞鸿少林神功四海扬名 146

在南北朝时期，西域高僧跋陀初创少林，他十分热衷于中国武术，而且吸收了有武功绝技的人为门徒，其中有慧光、僧稠最为杰出。

禅宗祖师菩提达摩在少林面壁九年，创立了禅武合一的少林神奇功夫。后来，经过二世慧可等历代僧徒们长期演练、综合、充实、提高，逐步形成一套拳术，达百余势，武术上总称"少林拳"。

隋唐时期，少林寺僧人组织起武装力量积极护寺护教，并为唐王朝的建立做出了贡献，少林寺自此以武勇闻名于世。

源起嵩山

禅武合一

跋陀在少林祖庭初传功夫

■清代跋陀罗尊者画像

在南北朝时期，西域沙门跋陀万里跋涉东行，先到达长安，而后又到过庐山。

跋陀，又名佛陀、僧伽佛陀，原本是天竺人。他6岁死了父亲，从小就跟着母亲以纺织为生。

有一年，母亲出外贩卖布匹，认识了一位和尚，便让儿子皈依佛门做了弟子。

据说跋陀出家后，"学务静摄，志在观方"，即一面学习禅观之法，一面漫游各地。跋陀从师念佛，心底十分虔诚，一天竟能熟背300多颂，很受师父器重。

然而，20多年后，与跋陀共同修炼的5位道友先后都已修成正果，只有他无所收获，尽管他勤苦励节，还是无济于事。为此，他百思不得其解，甚至想自杀了却此生。

跋陀得道的朋友劝导他说："修道除了要苦修苦练之外，要借机缘，时来便起。你与震旦有特别的缘分，为什么不往彼修炼却要白白去死呢？"

跋陀听了这番话之后，大彻大悟。于是，跋陀开始游历诸国，又沿着丝绸之路东行，在长安和庐山稍住后，直奔佛法兴隆的北魏国都平城，即山西大同市。他到达平城的时间大约是490年，当时是孝文帝元宏亲政。

跋陀在这里受到优厚的待遇，孝文帝对他"敬隆诚至"，为他"别设禅林，凿石为龛"，"国家资供，倍加余部"。甚至还封他为昭玄都统师，统领全国佛门，并在武周山为他开凿了云冈石窟，让他在那里大施教化。

495年，北魏孝文帝迁都洛阳，跋陀随之而来。

■ 跋陀罗尊者与诺炬罗尊者画像

西域 古代称谓，狭义上是指玉门关、阳关以西，葱岭即帕米尔高原以东，巴尔喀什湖东、南及新疆广大地区。而广义的西域则是指凡是通过狭义西域所能到达的地区，包括亚洲中、西部，印度半岛的地区等。

■ 佛陀修行图

嵩山 位于河南省西部，五岳的中岳。嵩山地处中原，东西横卧，嵩山曾有30多位皇帝、150多位著名文人所亲临，道教主流全真派圣地，相传还是神仙相聚对话的洞天福地。

孝文帝在洛阳为跋陀设立了"静院"，以供其研究佛法，后又在嵩山少室为跋陀修建少林寺。

跋陀开创少林寺，成为少林开山祖师、首代方丈。他在寺庙中传授佛经，却十分热衷于我国武术，而且吸收了有武功的人为门徒，其中慧光、僧稠最为杰出。

跋陀收慧光为徒，传说是一个巧合。跋陀在旅行到洛阳附近时，注意到一个男孩儿正在踢毽子。大多数孩子通常在身体前方踢，而这个孩子却在自己的身后踢，这是较难的技巧。

跋陀注意到这个男孩儿踢毽子500次而没有落地，更给他留下深刻印象的是，这个男孩儿正在做一个令人难以置信的动作：站在高高的石院墙上向下俯瞰，如果失去平衡，男孩儿就会掉下去。

跋陀被这个男孩儿的专注和胆量所感动，他设法接近男孩儿。男孩儿也完全被他吸引，后来经父母同意，他跟随跋陀来到寺庙，以后跋陀给这个男孩儿取法名为慧光。

慧光成为僧人之前就身怀特技，后来成为引进少林寺武术非常有影响的人物。他与跋陀一起修炼，并翻译和编写了许多佛经中有关释迦牟尼原话的注释，被认为是佛经学派的创始人。

僧稠是受跋陀赏识的另一位弟子。僧稠是安阳人，他28岁时，发誓要成为一名佛教僧侣。跋陀收他为弟子不久，他的聪明才智和惊人的记忆力就为世人所知。哪怕最枯燥的经文他只要读一遍，就能理解和背诵。

僧稠体魄强壮，他精通武术，喜欢摔跤，常在节日期间为参观寺庙里的人表演，据说没一人能打败他。为了娱乐，他爬上离地面很高的主梁上，然后从这条梁跳到很远的另一条梁上。他也喜欢以神奇的速度敏捷地在高墙上行走。

传说僧稠有一次旅行途中，跃过王屋山，一段时间后，独自一人在山中修炼，忽然听见发自附近的山林里一声雷鸣般的吼声。僧稠忙出来查看，原来两只老虎正在殊死搏斗。

因为出家人发誓不伤害任何生灵，所以不等这两只凶猛野兽分出胜负，僧稠忙冲上前去，抢起沉重的大铁杖将两只野兽分开，大吼着，恐吓这两只野兽，两只野兽最终被驱散了。

跋陀对僧稠十分宠爱，夸他是"葱岭以东，习禅之最"。

后来，僧稠就成了大名鼎鼎的稠禅师。

在武功方面，唐人张鷟的《朝野佥载》、北宋初年李昉的

僧稠雕塑

少林传奇

少林功夫历史与文化

《太平广记》对僧稠禅师都有相同的神话般故事记载，其中《太平广记》中写道：

北齐稠禅师，邺人也，幼落发为沙弥，时辈甚众。每休暇，常角力，腾越为戏，而禅师以弱见凌，给侮殴者相继。稠禅师羞之，乃入殿中，闭户抱金干个人誓曰："我以羸弱为等类轻侮，为辱以甚，不如死也，汝以力闻，当佑我，我捧汝足七日，不与我力，必死于此；无志还……"

金刚形见，手持大钵，满中盛筋，谓稠曰："小次欲力平？"

曰："欲。"

"能食筋乎？"

曰："不能。"……乃怖以金刚杵，稠惧遂食。

食毕，诸同列又戏殴，禅师曰："吾有力，恐不堪于汝？"

同列试引其臂，筋骨强劲，殆非人也，方惊异……

因入殿中，横塌壁行，自西至东，凡数百步，又跃首至于梁数

■ 僧稠禅师画像

四，乃引重千钧。其拳捷骁武劲。先轻侮者，俯伏流汗，莫敢仰视。

另外，据道宣《续高僧传》和洪亮吉《登封县志》记载：僧稠"抱肩筑腰，气嘘顶上"。所有这些，也能为僧稠禅师精通武功的立论进一步提供佐证。

跋陀在住持少林寺的30多年时间里，虽然超度了不少弟子，但功成者只有慧光、僧稠两人，两人在他圆寂之后离开了少林，其余的弟子纷纷上了五乳峰拜达摩为师。

■ 石窟内的佛陀像

阅读链接

按照时间的先后来说，慧光和僧稠比达摩要早二三十年，所以，大家普遍认为，少林功夫的源头，应该是慧光和僧稠。如果真是这样的话，跋陀自然就是少林功夫真正的先行者了。

慧光和僧稠是跋陀所收弟子中最有代表性的人物，也一直为外界所颂扬，由此可以看出，当时，跋陀确实喜欢练武的弟子，这为少林功夫的诞生和发展奠定了基础。

跋陀禅师为创建少林寺，翻译佛经，传授佛法做出了巨大贡献，少林拳谱中还有跋陀传授方便铲和一路大刀的记载。

达摩祖师创立禅武合一

达摩祖师画像

520年前后，正是我国南北朝时期，印度高僧菩提达摩遵照师父的嘱咐，准备好行李，驾起一叶扁舟，乘风破浪，漂洋过海，用了3年时间，历尽艰难曲折，来到了我国广州。

广州刺史得知此事，急忙禀报金陵，梁武帝萧衍笃信佛教，他立即派使臣把达摩接到南朝都城建业，即南京，为其接风洗尘，宾客相待。

达摩是禅宗大乘派，主张面壁静坐，普度众生。由于他和梁武帝的主张不同，每谈论起佛事，二人总是不投机。这时达摩感到建业不是久留的地方，于是决定离开建业。

他来到洛阳时，看到永宁寺内十分精美的宝塔，自道："年一百五十岁，历游诸国，从未见到过。极佛境界，亦未有此！"因而他"口唱南无，合掌连日"。

527年，达摩到达了嵩山少林寺。他看到这里群山环抱，森林茂密，山色秀丽，环境清幽，佛业兴旺。心想，这真是一块难得的佛门净土，于是，他就把少林寺作为他落迹传教的道场。

五乳峰中峰的上部，离峰顶不远的地方，有一个天然石洞，这个石洞高宽不过3米，长度约有7米。方方的洞门，正好向阳敞开，冬暖夏凉。

■ 达摩画像

洞前有一堆紧凑的小草坪，周围不见天空。真是："此地无盛夏，空山听鸟鸣。"

达摩来到少林寺后，就把这个天然石洞作为他修性坐禅的地方。

相传达摩在这个石洞里，整日面对石壁，盘膝静坐。不说法，不持律，默然终日面朝壁，双眼闭目，五心朝天，在"明心见性"上下功夫，在思想深处"苦心练魔"。

大乘派 即大乘佛教，因能运载无量众生到达菩提涅槃之彼岸，成就佛果，故名。在佛教的声闻、缘觉和菩萨乘的三乘教法中，菩萨乘为大乘教法，历史上的北传佛教均以大乘为主。

■《达摩面壁图》

洞内静若无人，万籁俱寂，入定后，连飞鸟都不知道这里有人，甚至在达摩的肩膀上筑起巢穴来了。

"开定"后，达摩就站起来了，活动一下四肢，锻炼一下身体，待倦怠恢复后仍继续坐禅。

达摩终日静坐，不免筋骨疲倦，又加上在深山老林，要防野兽和严寒酷暑的侵袭，在传经时，他发现好些弟子禅坐时间久了，昏昏欲睡，精神不振。

为了驱倦、防兽、健身、护寺，达摩等人仿效古代劳动人民锻炼身体的各种动作，编成健身活动的"活身法"传授僧人，此即为"少林拳"的雏形。

此外，达摩在空暇时间还练几手便用铲、棍、剑、杖等防盗护身的动作，后人称之为达摩铲、达摩杖、达摩剑，以后，他又吸取鸟、兽、虫、鱼飞翔、腾跃的姿势，发展丰富了"活身法"，创造了一套动静结合的罗汉十八手，由此成为少林功夫的基础。

少林功夫不仅仅是由一串拳脚棍棒组成的，它还包含着一种精神，这种精神是由少林功夫形成的历史赋予的。

"功夫"一词是佛教专用名词，禅宗的修行成果

入定 即入于禅定，为三学、五分法身之一，能令心专注于一境，可分为有心定、无心定等种。有为佛道修行而入定者，亦有为等待多年后将出现于世的圣者而入定者。

就叫"功夫"。比如坐禅、参话头就叫"做功夫"。

　　"做功夫"的目的是开悟成佛，超凡入圣，彻底改变人的品质。

　　少林功夫是禅和武的结合，达摩教少林僧人习武是一种修行，所以又叫"禅武"，"禅武合一"，故有"禅武同源，禅拳归一"之说。

　　禅为武之主，武为禅之用。即武是禅的表现，是禅生命的有形化；禅是武的精神本质，以禅入武，便可达到武术最高境界；武学大道也就是禅道。

　　除武法外，后世少林医法、建筑、书画、雕刻等文化艺术，都是禅的应化。

　　这样，入定，开定，日复一日，年复一年。从527年至536年，整整面壁了九年。当离开石洞的时候，他坐禅面对的那块石头上，竟留下了一个达摩面壁姿态的形象，衣裳褶纹，隐约可见，宛如一幅淡色的水墨画像。人们把这块石头称为"达摩面壁影石"。

　　达摩所创立的少林禅宗虽然是宗教的，其实更是哲学的，是人类追求情感满足的一个重要方面。佛教从汉代传入

水墨 即"水墨画"，国画的一种表现形式。基本的水墨画，仅有水与墨，黑与白色，墨为主要原料加以清水的多少引为浓墨、淡墨、干墨、湿墨等，画出不同浓淡层次，别有一番韵味。

■《达摩讲禅图》

■ 达摩圆寂泥雕

韦驮 又名韦驮天，本是婆罗门的天神，后来被佛教吸收为护法诸天之一，在中国寺院通常将他安置在天王大殿弥勒菩萨之后，面对着释迦牟尼佛像，有保护佛教伽蓝之神职。韦驮像通常身穿甲胄，手持金刚杵，以杵拄地；或双手合掌，将杵搁于肘间，形体有如雄壮、威武勇猛的将军，但面容温和安详。

少林传奇

少林功夫历史与文化

我国多年之后，禅宗成为佛教和佛学的同义语，因此少林功夫产生于少林寺，与禅宗结下了不解之缘。

后来，达摩祖师留下了武学瑰宝《易筋经》，这是一种改变筋骨的方法，经常练习《易筋经》可以收到防治疾病、延年益寿的效果。

《易筋经》包括内经和外经两种锻炼方法，各有12势。易筋经内经采用站式，以一定的姿势，借呼吸诱导，逐步加强筋脉和脏腑的功能。大多数采取静止性用力。呼吸以舒适自然为宜，不可屏气。

《易筋经》包括韦驮献杵三势、摘星换斗、三盘落地、出爪亮翅、倒拽九牛尾、九鬼拔马刀、青龙探爪、卧虎扑食、打躬势、工尾势等。

在这段时间，道育、慧可两位僧人礼见达摩最多，并亲近和供养了他四五年。达摩感觉他们真诚，传授他们禅宗衣钵。

传说达摩将衣钵法器传给慧可以后，便离开少林去禹门，禅栖在千圣寺，于东魏孝静帝时端坐圆寂。

达摩圆寂后，他的遗体被按照佛教的礼仪装殓入棺，隆重地移葬在熊耳山，人们在河南定林寺内为他建造了一座墓塔，以作纪念。

东魏使臣宋云因事出使西域久而未归，对于达摩辞世的事一无所知。达摩圆寂后两年，宋云从西域返回洛京。在途经葱岭的时候，遇见达摩一手拄着锡杖，一手拎着一只鞋子，身穿僧衣，赤着双脚，由东往西而来。

二人相遇后，宋云急忙停步问道："师父你往哪里去？"

达摩回答说："我往西天去。"接着又说："你回京以后，不要说见到了我，否则将有灾祸。"

二人道罢，各奔东西。

宋云以为达摩给他说的是戏言，丝毫没有介意。回到京城以后，向皇帝复命交旨时，顺便提到了他途经葱岭遇见达摩老祖回西天的事情。

谁知话音未落，孝静帝就发了火，怒斥宋云："人所共知，达摩死于禹门，葬于熊耳山，造塔定林寺，你怎么说在葱岭遇见了达摩，死人怎么复活？这分明是欺君骗朕，岂有此理？"说罢，便令殿角侍卫把宋云扭出殿外，投入南监。

事隔数日之久，

塔 原为古印度埋葬佛祖释迦牟尼火化后留下的舍利，是一种佛教建筑，汉代时随着佛教在东方的传播，与我国的本土建筑重楼相结合，并广泛扩散，发展出了塔这种极具东方特色的传统建筑。

■ 达摩佛塔

一天，孝静帝坐朝审理宋云欺君一案。将宋云传上殿以后，孝静帝问道："你在葱岭遇见达摩的事情，究竟是怎么回事，你要如实说来。"

宋云先叩头，请皇上容禀后说出一首诗：

葱岭见达摩，祖师光着脚，

一手拄锡杖，一手提只履。

僧衣随风飘，翩翩向西行。

他说回西天，不让我吭声，

假若说出去，灾祸必报应。

臣觉是戏言，顺便奏主君。

如今从实说，句句都是真。

不敢欺皇上，万望是非分。

孝静帝听了以后，半信半疑，真假难辨，无所适从。臣子们在殿角下，也是议论纷纷，最后有人建议说："达摩西归宋云见，监禁岂敢再欺天，既然真假是非难辨，可以开棺验尸。"

孝静帝采纳了后一条建议，遂把达摩穴挖开，撬开棺盖一看，果然没有尸骨，只剩下一只鞋子了。宋云蒙受的不白之冤遂平反昭雪。

阅读链接

传说禅宗初祖达摩大师圆寂后，曾留下一个铁箱子，弟子们打开箱子，发现达摩老祖用天竺梵文所写的两部武功秘籍《洗髓经》和《易筋经》。《洗髓经》被二祖慧可带走，已经失传；《易筋经》则留在少林寺。

由于少林寺僧人并不精通梵文，每人都只能看懂《易筋经》的一部分，于是大家各自根据不同的理解练习，竟然从此将少林功夫分化出诸多门派，光大了少林功夫。

二祖慧可断臂立雪得真传

　　达摩高僧定居嵩山少林寺，面壁九年修法成禅。他和他的弟子们还模仿山中的百兽、树上的百鸟，融进佛经禅的精神创造了少林功夫。

　　慧可是我国禅宗第二代祖师，他豪迈豁达，满腹经纶，精研玄

■纪念慧可立雪亭

■少林二祖庵

少林传奇

少林功夫历史与文化

学；弘佛宣教，以"坚""忍"著称于世。

慧可487年出生，俗姓颐，洛阳虎牢人，在慧可出生之前，其父每每担心无子，心想："我家崇善，岂令无子？"

于是便天天祈求诸佛菩萨保佑，希望能生个儿子，继承祖业。就这样虔诚地祈祷了一段时间，终于有一天黄昏，感应到佛光满室，不久慧可的母亲便怀孕了。为了感念佛恩，慧可出生后，父母便给他起名为"光"。

颐光从小就志气超群，聪明异常，少为儒生时，博览群书，通达老庄易学。出家以后，法名神光，精研三藏内典。

520年，达摩到达建业时，神光正在南京雨花台讲经说法，当地群众讲，"神光讲经，委婉动听，地生金莲，顽石点头"。

围观听讲的人是里三层，外三层，围得水泄不通，达摩离开梁武帝北上，路过雨花台，见到神光在那里讲经说法，他就顺便挤在人群中，侧耳倾听。

达摩听讲，听到有些地方点点头，听到有些地方摇摇头。神光在讲解中，发现达摩摇头，认为这是对自己的最大不尊，便问达摩：

"你为什么摇头？"

达摩并不答话，飘然而去。

达摩去后，听讲的群众有人对神光说："刚才那个人你知道他是谁？他就是印度高僧菩提达摩，精通佛法，学识渊博。"

神光听了以后，他感到惭愧之极，师父到了跟前，刚才自己太没礼貌了。于是他就赶快追达摩，去赔礼道歉。达摩在前边走，神光在后面紧追，一直追到长江岸。

神光看到达摩一苇渡江后，也立即跑到赠苇老人面前，抱起老人身边一捆芦苇，扑通一声，扔到水中，双脚踏上苇捆子，匆忙过江。谁知说也奇怪，这捆芦苇不但不向前行进，反而很快沉入水中。

神光见势不妙，急忙涉水而出，险些溺水。神光带着浑身泥水，冲向老人，轻声责问："你给他一根芦苇就渡过江，我拿你一捆芦苇为什么还过不去呢？"

老人不慌不忙从容不迫地答道："他是化我的芦苇，助人有份；你是抢我的芦苇，物各有缘，无缘无故，岂能相助？"老人说罢，转瞬间倏然不见，浩荡的江面上空无一人。

这时神光自知有失，惭叹不

雨花台 位于江苏省南京市，相传梁武帝时期，有位高僧神光法师在此岗设坛讲经说法，僧侣500余人跌坐聆听，讲得精彩，听得入神，数日而不散，感动佛祖，天降雨花，落地为石，遂称雨花石，雨花台也由此得名。

■《达摩苇叶渡江图》

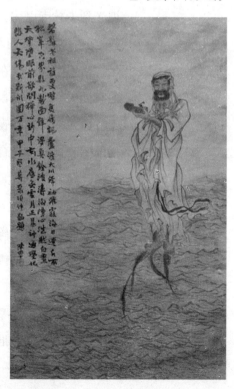

017

源起嵩山

禅武合一

■ 《达摩面壁·神光参问》图

禅法 指心智的培育和发展，佛教中对于修习是非常重视的。修习的目的在于剔除种种扰乱心智的负面心理状态和恶劣品性，同时培育各种有助于心智成长的正面心理状态，最终达成如实地知见一切事物本性的最高智慧而证悟涅槃。

已，但他并不甘休，历尽千辛万苦，终于渡过长江，追赶达摩。

527年，菩提达摩禅师进住少林寺，弘扬禅法，神光到少林寺以后，一心一意拜达摩为师，向达摩求教。达摩在南京雨花台和神光会见时，神光傲气十足，极不谦虚。现在神光提出向达摩求教，达摩不知他有无诚心，便婉言拒绝。

神光并不灰心丧气，仍步步紧跟达摩。达摩在洞里面壁坐禅，神光合十，侍立其后，精心照料，形影不离。神光跟随达摩9年，对禅师的一举一动，真是心悦诚服。

达摩开定后，离开面壁洞，走下五乳峰，回到少林寺，料理日常的佛事活动，神光也跟随师父从山洞回到寺院。

时值严冬，达摩在后院亭中坐禅，神光依旧立在亭外，合十以待。谁知夜晚入定以后，鹅毛大雪铺天盖地压了下来，不一会儿，积雪逾尺。

这时，大雪淹没了神光的双膝，浑身上下好似披了一层厚厚的毛茸雪毯，但是神光仍然双手合十，兀立不动，虔诚地站在雪里。

第二天，达摩开定了，他走到门口一看，神光在雪地里站着。

达摩问道："你站在这里干什么？"

神光答道："向佛祖求法。"

达摩沉思片刻说："众佛之所以成佛的无上妙法，就是因为经历劫难，仍精于求进，难做的最终能做到，不忍的却要忍下去。难道用小的德行小的智能，漫不经心，就希望获得真乘？这叫徒劳勤若苦！要我给你传法，除非天降红雪。"

神光解意，他意识到这是圣僧指点他禅悟的诀奥，他自言自语道："古人为了求法，有的敲骨取髓，有的刺血济贫，有的蓬头垢面，有的投崖饲虎。古人还能如此，我算什么人？"

想到这里，神光毫不犹豫地抽出随身携带的戒刀，向左臂砍去，只听"咔嚓"一声，一只冻僵了的胳膊落在地上，鲜血飞溅，染红了地下的积雪和神光的衣衫。

这虔诚的刀声穿云透雾，飞报西天，惊动佛祖如来，随手脱下袈裟，抛向东土。霎时，整个少林，红光笼罩、彩霞四射，鹅毛似的大雪片被鲜血映得通红，

■慧可法师画像

纷扬而来。神光放下手里的戒刀，弯腰拿起左臂，围绕达摩亭转了一圈，仍侍立于红雪之中，亭周围的积雪也被染成红的。

此情此景，达摩看得一清二楚。他感到神

■ 慧可弘法

少林传奇

少林功夫历史与文化

袈裟 指缠缚于僧
众身上之法衣，
以其色不正而称
名。佛教传入我
国后，汉魏时穿
赤色衣，后来又
有黑衣、青衣、
褐色衣。唐宋以
后，朝廷常赐高
僧以紫衣、绯
衣。明代规定禅
僧穿茶褐色衣和
青绦玉色袈裟，
讲僧穿玉色衣和
绿绦浅红色袈
裟，教僧穿皂衣
和黑绦浅红色袈
裟，然后来一般
皆穿黑衣。

光为了向他求教，长期侍立身后，今又立雪断臂，原来的骄傲自满情绪已经克服，信仰禅宗态度虔诚。达摩遂传衣钵、法器予神光，并为他取法名"慧可"。

慧可断臂以后，表现出高度的刚毅，他忍受着剧烈的伤痛，双膝跪在雪中，用右手，恭敬地接了"法"，顶礼拜谢而退。此后，达摩依照慧可的精神，依戒刀法器指点慧可创立了少林"独臂刀法"。

时间荏苒，过了9年。一天，达摩禅师打算返回天竺，对他的弟子说："我回国的时间到了，你们跟我学了这么多年了，何不谈谈自己的所学所得？"

当时，弟子道副说："如我所见，不拘泥经典，也不离经典，为佛所用。"

达摩说："你得到的是我教的表皮。"

弟子僧总持说："我今天能够理解的，如喜庆见阿佛国，一见更不能再见了。"

达摩说："你得到的是我教的肌肉。"

弟子道育说："四大本空，五阴非有，而我所见到的，是无一法可得。"

达摩说："你得到的是我教的骨骼。"

最后慧可走向前来，恭恭敬敬地向达摩施了个礼，又回到自己的位置上，合手站着。

达摩说："你得到我教的髓了。"

于是达摩看着慧可继而告诉他说："昔日佛陀在灵山会上，拈花示众。这时众弟子都默不作声，只有迦叶大士破颜微笑。

"佛陀说：'我有正法眼藏，涅槃妙心，实相无相，微妙法门，不立文字，教外别传，付嘱迦叶。'

"后来，辗转相传，而最后以二十八代传到我这里。我今天再嘱咐你，你当护持，并授给袈裟，以此作为佛法的信物。"

说完之后，留下慧可，带着众僧徒离开少林寺前往龙门千圣寺去了，慧可从此接替达摩，成为少林寺第二代禅宗，世称"二祖"。

据说慧可在达摩蒲团之旁见到一卷经文，那便是《易筋经》。这卷经文义理深奥，慧可苦读钻研，不可得解，心想达摩老祖面壁9年，在石壁畔遗留此经，虽然经文寥寥，必定非同小可，于是遍历名山，访寻高僧，求解妙谛。

593年，慧可已107岁的高龄，来成安讲经传法，为此特在匡教寺前修筑了两丈多高的说法台。因慧可所讲的禅理非常好，四面八方的老幼听者甚众，匡教寺的和尚也听得入了迷。

传说，有一天，慧可自投漳河，然后从水里漂出，盘腿打坐，双目微闭，安详如生圆寂，逆流而上18里到芦村以北，被葬在那里。

阅读链接

菩提达摩创立的少林禅武神功，要想在我国生根、开花、结果，必须有坚韧不拔的传播者，慧可担负了这伟大的历史使命。为了纪念二祖立雪断臂，少林寺的僧侣们将"达摩亭"改为"立雪亭"。

清乾隆皇帝瞻游中岳时，对"立雪断臂"的故事颇有感触，遂挥毫撰写"雪印心珠"匾一块，悬挂于立雪亭佛龛上方，以戒后生：佛业来之不易。

隋代少林众僧习武护寺

少林传奇

少林功夫历史与文化

■隋文帝画像

南北朝时期，一些隐士在来少林寺前大都有很高的武功，皈依佛门后，不仅把自己的武功传授给门徒或知己，而且还得机学到了寺内和尚的武艺。如此互相交流，互相学习，世代延续，使众僧大都学会了武功。

北魏时代的孙溪，出家前跟祖父孙才学武4年，擅长拳术和气功。《高僧传》和《朝野金载》记载他：能跃首至梁，引重千钧，拳捷骁勇，动骇物听……

后来，北周静帝禅让于大丞相杨坚，杨坚称隋文帝，国号隋。由于杨坚是在尼姑庙里出生并由一个尼姑抚养成人的，对佛教更是大力扶植，他把陟岵寺恢复旧名，仍称少林寺，并赐柏谷屯田100顷，以供寺僧食用资费，于是，少林寺又渐渐兴盛起来。

■ 少林武僧习武图

但是，从少林寺初建至隋朝末年的100多年间，少林功夫的交流仅仅局限在寺院内部，它们不过是僧人参禅期间的健身方式，从未引起世人的注意。

少林功夫的要旨是禅武合一。少林寺是佛教禅宗的祖庭，禅宗以明心见性、顿悟成佛为要旨。在佛门眼中，参禅是正道，拳勇一类只是末技，僧众们不过是借练功习武达到收心敛性、屏虑入定的目的。同时也可收到健身自卫、护寺护法的效果。

由于时局逐渐变得动荡，少林寺方丈为了保护庙宇的安全，已经从寺僧中选出身强力壮、勇敢灵巧或

《高僧传》记载自东汉永平至梁代天监间著名僧人的传记，南朝梁代僧人慧皎撰。对研究汉魏六朝文学有多方面的作用。它记载了佛教传入我国及佛经翻译文学的情况，还有许多文人和佛教僧侣的交往以及他们受佛教影响的情况。

■ 少林武僧石刻

少林传奇

少林功夫历史与文化

善于搏击者组织成一支专门队伍。最初，他们的任务是护寺，被称为"武僧"，使少林寺具有了一定规模的武装力量。

随着社会的进步和形势的需要，少林武功向精湛的技击方面发展，少林寺开始实行了有组织的、严格的僧兵训练。每天很早的时候，师僧们同起而习之，冬练三九，夏练三伏，四季不断，苦练武艺。

隋代马善通，江西泰和人，自幼习武，功夫超群。因好打抱不平伤人，为躲避官员的追捕，逃至少林寺，拜志刚为师，赐法名"子升"，成为武僧中的代表人物。

隋朝末年，天下大乱，各地武装势力兴起，当时的少林寺，财产丰富，便成为攻击对象。寺内有僧徒数百，也有许多练武的僧人，在这种情况下僧人们更下决心勤苦习武，以更好地保寺护教。

而赫赫有名的少林棍的起源，据传与此时在少林寺烧火做饭的火头僧有关。由于僧人众多，在少林寺烧火做饭并不是件轻松的工作。少林寺有一位火头僧在日日烧火中，悟出了一手烧火棍的好功夫。

隋炀帝大业年间，少林寺得到消息，不久会有1万多山贼入侵少林寺，在众僧都惊慌失措的情况下，这位火头僧挺身而出，在短时间内训练了100多名年轻僧人学会少林棍，保护了少林寺。

禅宗以"担水砍柴，无非妙道"，少林功夫也应该"参正禅机，冀臻上乘"，于是始有"内外交修之旨，身心两修之功"。

正因为禅宗没有把武技看得太重，而是以禅定功夫为根基，泯灭争强好胜之心，摒弃尘俗纷扰之念，才使得武僧们习惯于在心静如水、无忧无虑的状态下练功，又兼以寺院武功的传统优势，所以少林武僧往往得以步入武学的较高境界，这不能不在相当程度上归功于禅法的作用。

武术禅就是提供一个人可以亲身去做，最终"见性成佛"的参禅路径。少林功夫的极致就是练就不动心，"内心不乱为定"，表现在外，就是"外不着相为禅"。外不着相，才能变幻莫测，博大精深。

由于多年的积累和努力，少林功夫中的武与禅已经有机地结合在了一起，少林功夫中的武，已经融化在了参禅之中。这是少林功夫与其他派系武术的不同之处。

由于少林僧徒采用的

■少林武僧刀剑表演

是动静结合的"禅拳归一"练功之法，所以自隋代开始，少林寺僧在长期的习武实践中，形成了一种独特的练功习惯，也就是凡习武，多在静谧之处。少林僧徒认为，只有在幽静的环境下通过禅与武的结合才能练成真功。

因此，少林僧徒的习武多在凌晨、深夜以及冰天雪地人迹皆无的数九寒天。在少室山阴的密林深处，有几个鲜为人知的少林武僧练功场地，置身此地，才会真正领悟少林禅拳归一的真谛。

禅和拳本是两个截然相反的形态，禅以静为特征，拳以动为特点。正是因为少林功夫已成为一种佛教修持法门，高境界的少林功夫才显得变幻莫测、神秘高妙。

所以，少林功夫与普通武术有很多相同的地方，但亦有质的区别。这种区别是因为佛教生活与世俗生活不同，佛教生活追求的目标与世俗生活追求的目标不一样造成的。

少林寺僧人的日常生活严格遵守佛教戒律，非常朴素。这种朴素的生活方式和志趣，也融进了少林功夫里面。少林功夫的作用在于防身、护寺、健身、入禅，所以它的招式结构完全建立在实用的基础上。每招每式甚至小手花、乃至意念，都不掺杂任何华丽、哗众取宠、拖泥带水的内容，形成了朴实无华的特点。

阅读链接

少林寺创立之后，以僧稠为首的僧人习武之举，完全是一种时代需要和普遍的佛门需求。习武目的，都是旨在防止内忧外患，确保寺院财产安全。

所以，北魏时期，甚至推延至隋朝末年，少林僧人的习武举动与当时的其他诸寺并没有什么特别之处，所以不能作为少林寺有别于其他寺院的门派特色。

少林寺十三棍僧救唐王

李世民画像

617年，隋朝的唐国公李渊、秦王李世民父子在太原起兵，趁关中空虚，占领了隋都长安。次年，李渊在长安称帝，改国号为唐。

唐代刚建立的时候，天下仍处于群雄割据之中，最使李氏父子担心的是郑、夏势力的发展和存在。原隋大将王世充盘踞洛阳，号称郑国皇帝，势力十分雄厚。另有河北窦建德也在极力招兵买马，扩大地盘，号称夏国皇帝，二者成了唐政权统一天下的最大障碍。

620年，李世民以太尉、尚书令、秦王等身份率兵出关，征战王

世充，大军屯于北邙山，而后寻机向王世充外围据点进攻。

征战之初，唐军进展并不顺利，为调动当地各种反郑力量，李世民特意给置于王世充辖区的少林寺住持僧写了一封书信，信中劝说少林和尚认清大局，顺乎正义潮流，帮唐军征战王世充。

此时的少林寺众僧，饱尝了隋末动乱的打击之苦，寺院重建尚未完善，众僧聚集在少林寺的柏谷庄，守护着那里寺院的百顷良田。

唐郑两军对垒，王世充出于战争需要，对要地柏谷庄进行了强制性占领，并命侄子王仁则驻军把守。他们依靠险要地形，建立军事工事，进而企图吞并少林寺赖以生存的唯一庄田。

少林寺僧对此虽早有不满，但又无可奈何。这时恰遇唐郑两家交锋，又早闻李世民的英明，少林寺僧众也就暗中做了唐军的帮手。

9月，李世民大兵向洛阳逼近，围困洛阳城不放。同时还继续对洛阳外围王世充势力进行打击。李世民派大将王君廓攻克了郑军要点。

李世民初来乍到，进兵不利，在一次观察作战地形时，被郑兵俘虏，囚禁在洛阳城的大牢里，他的弟弟李元吉带兵来救，又被王世充打败，情势十分危急。

■ 少林寺十三棍僧救唐王壁画

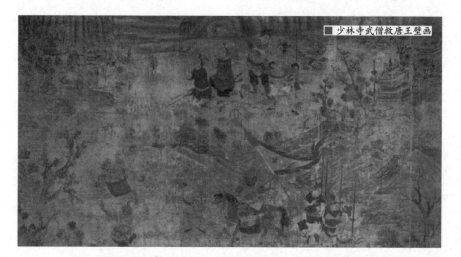

这个消息很快被少林僧人听说了，全寺上下不甘心再受王世充之欺，决心冒险救下李世民。

一天夜里，少林寺的"十三棍僧"凭着对洛京地形的熟悉，摸到了洛阳城下，这13个和尚分别是上座僧善护，都维那僧惠场，寺主僧志操，以及昙宗、普惠、明嵩、灵宪、普胜、智守、道广、智兴、满、丰。他们在城墙根底下去掉了平时绑在身上练功用的"重身"沙袋，一个个身轻如燕，很快爬上了城头。

志操和尚以往常出入洛阳，大街小巷都十分熟悉，大伙就跟着他左拐右转，不一会儿就找到了大牢。

这里戒备森严，往来巡逻的兵丁很多，和尚们却人不知鬼不觉地抓了几个喽啰提到僻静处盘问，弄明白了李世民被关押的位置和掌管钥匙的情况。

大家在大牢外搭起人梯，昙宗领着智守、普胜等人进去救人。

当时正是深夜，昙宗舔破窗纸发现管大牢钥匙的百总正趴在桌子上打呵欠，就以迅雷之速推门进入，把那家伙捆了个结结实实，搜出钥匙。守牢的狱卒也是不堪一击，几位和尚略施身手就将他们制服。

李世民戴着一具大枷，正疲惫地靠着墙根坐在地上，突然看见几王世充（？—621），字行满，本来姓支，是西域的胡人。我国隋朝末年起兵群雄之一。公元619年自立称帝，国号郑，年号开明。公元621年，被李世民击败，郑亡。同年七月，王世充被仇人所杀。

■少林寺十三僧

个年轻和尚到了跟前，正待发问，昙宗连忙摆手，止住了问话，随手拿出钥匙开了大枷，蹲下身去背着李世民出了大牢。

他们当即拿定主意：一不做，二不休，干脆兵分两路，一路护送李世民出城，到洛阳桥头等候；一路去捉拿王仁则。

在善护带领下，昙宗、明嵩等5人，穿过伊洛街口，见有三四个郑兵在一座高楼前游荡，便抓住其中一个，让他领到王仁则院前，又想办法打开了房门。

当时，屋内的王仁则正在喝酒取乐，忽见有人进屋，劈头就是一剑，昙宗来个镏金沙飞掌，拨过来剑，闪进屋中，两人就在屋内相斗起来。几个回合，昙宗伸手抓起一泡菜缸上的石磨照着王仁则砸去，只听"哎呀"一声，王仁则倒在地上。昙宗一脚踏在王仁则身上，明嵩进到屋里，用绳子将王仁则一绑，昙宗像扛粮食袋子似的，往肩头一放，顺手抓起了桌上

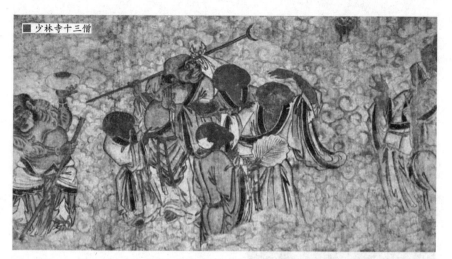
少林寺十三僧

一方玉印，5个僧人一同赶往洛阳桥。

再说志操他们，在官马棚牵了14匹战马，接应营救李世民的一路人后，将李世民扶上马，破门来到洛阳桥头等候。

不多时，昙宗扛着王仁则来到桥头，翻身上马，用胳膊夹着王仁则，14匹战马直向西而去。

这时天就快亮了，守城的士兵正值松懈之际，大伙齐声呐喊着扑上前去，杀散了兵士，打开城门，往嵩山方向疾走。

不久，一名郑将骑马领兵追了出来，志操和尚回身一招"只燕穿云"，将他打落。就这样且战且退，后来，唐将秦琼赶来支援，将李世民顺利接回了唐军大营。

13个少林和尚把俘虏到的郑将王仁则和那块玉印，一并交给了李世民，便得胜回柏谷庄去了。

少林寺的"十三棍僧"冒险救出了李世民后，又在随后唐郑两军再次对垒的时候，从寺里带了500僧兵，悄悄地穿过辕辕关，直抄郑军后路。唐军大受鼓舞，锐不可当，迫使王世充不得不归降了李世民。

为感谢少林众僧的战功，李世民登基以后，"嘉其义烈，频降玺书宣慰，赐田40顷，水碾一具，即柏谷庄是也"。

皇唐嵩岳少林寺碑

少林功夫历史与文化

621年，唐王朝对13位战功突出的少林和尚不但均有赏赐，而且封昙宗为大将军。这是一个莫大的光荣。少林寺竖一通《皇唐嵩岳少林寺碑》立传，向后人炫耀这一丰功伟绩。

碑的正面左上方"世民"两字为李世民以亲笔草书嵌入。碑的阴面附有13位立功和尚的名字，此碑虽经千年风雨，字字行文，历历在目，为后人研究少林功夫提供了珍贵的资料。

在少林寺，还有一通名为"少林寺新造厨库记"的唐碑，其中对少林僧参加唐郑之战的原因也给予说明：

赐田于开皇，若乃顺天应人，擒盗助信，摧魔军于充斥，保净土于昏霾。

撰文者顾少连把郑军称为魔军，那么，少林僧兵和唐军也就相应成了顺天应人的正义之师了。

盛唐以来，禅宗教法盛行，成为我国汉地佛教主流。自此，少林功夫立足实用、注重技击的特点逐渐显现出来。

此时，少林寺规模空前扩大，寺产颇丰。保护寺产安全及重要社会活动，对武僧们的技击水平提出了更高的要求，习武成为寺僧们重要的生活内容。

如唐代的圆静和尚，自幼习武，善练刀、枪、鞭术，尤善气功，众称铁汉子。30岁后皈依少林寺，号称铁和尚。

根据少林寺武僧谱记载，少林刀术即起源于圆静和尚，如"圆静善马挥刀……敌首级遍地血成河"，就反映了圆静和尚的高超刀技。这说明少林刀术也是寺僧们为了健身自卫，在防盗护院和实际作战中逐渐发展起来的。

少林拳术套路大部分在36个动作以内。套路短，组合招式严密紧凑。整个套路练习所用时间短，目的是练习者在练功中能集中全身之能量，一气呵成，利于每个招式功夫的增长。

少林拳法讲究"拳打一条线"。直线的运动，有利于进退速度。练功时，少林功夫套路的起、落、进、退、闪、展、腾、挪等，都在一条线上运动。

少林功夫的招法运用上，有"老嫩"之分。老者指招式太过，嫩者指招数不及。因此，少林拳法为避免老嫩之弊，采用非曲非直之法。发一拳一掌，其力量最大之瞬间在非曲非直之间。

若将拳掌发"老"，即伸直，成了强弩之末，只剩余力罢了；若将拳掌发"嫩"，即仍曲臂，乃发力之初，意、气、力刚生之时，其力大部分仍被困在丹田内。

阅读链接

在历代皇室支持下，少林僧人"昼习经典，夜练武略，修文不废武备"，习武同实战紧密结合起来。一部分少林和尚实际变成了皇家所供养的特殊军队，习武性质也较前大不相同。

"谈玄更演武，礼佛爱论兵"的风气成了少林寺世代相传的特殊宗风。明代诗人徐学谟在其《少林寺杂诗》中说得好："怪得僧徒偏好武，昙宗封为大将军"。

的确，自唐太宗击退王世充，赐昙宗官，僧人练习武艺更加勤勉，少林僧兵自此走上了直接为皇家服务的道路，在以后的朝代里，少林僧或接旨去镇压"反叛势力"，或消灭民族败类，或出征抵御外来侵略，习武宗风，代代相传不止。

道广开创南少林武功

嵩山少林寺十三武僧帮助唐太宗统一全国后，唐太宗对少林寺武僧大加封赏，并准许少林寺在全国各地建立10座分寺。福建莆田荔城九莲山的林泉院，就是少林寺10座分寺中较早创建的分寺之一。

林泉院坐落在层峦叠嶂中的九莲山麓，始建于557年。因为规模宏

■ 福建南少林

大，占地约30000平方米，武风鼎盛，因此人们称之为南少林寺。

唐代初年李世民登基后，江淮叛军的部将路得才聚众在东南沿海，闹得民不聊生。

由于他们行踪不定，聚散无常，如果派大军围剿，无异用拳头打跳蚤，劳民伤财，且难奏效。

唐太宗把已封为大将军的少林寺方丈昙宗找来惩治海盗。昙宗派当年"十三棍僧"之一的道广等带领500僧兵入闽平暴。

暴乱平息后，沿海人民苦苦挽留这些救苦救难的活菩萨。太宗李世民也念少林寺"十三棍僧"当初的救驾之功，恩准在福建修建少林分寺。

相传在建寺前，道广回到嵩山少林寺禀告昙宗方丈，昙宗送一首偈语让其在福建找一处同嵩山九顶莲花山相似的地方建南少林寺：一则示不忘祖庭；二则在沿海传播大乘禅宗。偈语道：

> 傍海平盗日月久，九莲山下有宿头。
> 南北千里同一寺，大乘禅在心中留。

李世民（598—649），唐朝第二位皇帝，名字取意"济世安民"，庙号太宗。李世民早年随父李渊征战天下，为大唐开国立下汗马功劳。"玄武门政变"夺权称帝后，他虚心纳谏，厉行俭约，轻徭薄赋，使百姓休养生息，各民族融洽相处，是杰出的政治家与一代明君，开创了我国历史著名的"贞观之治"，为后来全盛时期的开元盛世奠定了重要基础。

一指禅 为少林72艺，也为武林最高功夫练法之一，因其修成后用于技击威力奇大，一指之力可透重壁，凌空点穴伤人于无形，是以精此技者向来秘不示人。本功经历代传人的不断提炼和完善，形成了一套系统、完整的功法，其练法内外双修，阴阳互练，功禅合一。

■ 银杏树上的练功痕迹

道广根据北少林方丈的偈语，找到了当时就有名气，且地形酷似嵩山的林泉院扩寺定居，林泉院也就成为江南的少林分寺。

该寺所在的林山村周围有9座山围成一圈，形如九瓣莲花，寺院坐落在花心的位置上，因名九莲山少林寺，俗称南少林。

据说，南少林寺规模宏大，僧人众多，它与祖庭嵩山少林寺一样，是禅武同修。南少林的僧人将北少林的功夫糅合进南方拳术的特点，创建了蜚声海内外的南少林拳。

此后，南北少林开始并驾齐驱，驰骋在我国的佛教界和武术界，世称"南拳北腿"。

九莲山下存有一块大石，上刻有"僧继言造"，据说这4个字是一个叫继言的和尚用手指刻写的：

相传当年有一武林高手扮成游僧来林泉院偷走少林剑谱，继言识破后，在溪边拦截，却不动武，只说要架石替他做桥，说罢背起一块大石架在溪上，用手指写下此4字，然后客气地让路，那假僧一看，自知功力不如，就把包袱放下飞快地逃走了。

■ 南少林武术表演

　　继言和尚以一指禅功扬名，传说他可用一指帮人治病。南少林附近有一块"一指禅石"，像手一样，食指指向西方，形似南拳标准手势，成为当年照此石启示，练功坐禅的天造之物。

　　莆田是武术之乡，自唐代武则天首开武考以来，莆田共中全国级武状元12人，武进士307名，有22人任过兵部尚书。

　　南少林寺是南拳的发祥地，也是东南沿海武术活动中心，南少林的"佛家拳""安海拳""一指禅"等名扬大江南北。

　　泉州是南少林武术的发祥地之一，武术活动历史悠久，拳派远播，影响广泛。以南少林武术为代表的泉州武术文化是泉州优秀文化积淀的重要组成部分。

　　盛唐时期，南少林拳自北传南，与南拳相结合，形成了别具特色的南少林拳，南少林拳法是受法时流

武则天（624—705），武曌。67岁时自立为皇帝，定洛阳为都，改称神都，建立武周王朝，705年武则天病笃，唐中宗复辟，恢复唐朝，上尊号"则天大圣皇帝"，后遵武氏遗命改称"则天大圣皇后"，以皇后身份入葬乾陵，716年改谥号为则天皇后，749年加谥则天顺圣皇后。我国历史上唯一一个正统的女皇帝。

■ 南少林武术浮雕

散各地拳种的影响而发展起来的，然而南少林武术扎根于民间，技艺在民间，高手也在民间，有旺盛的生命力。

南少林武功的形成有着渊远的文化背景，它综合吸收了历代搏击格斗实战中演变而来的各家拳法，经过世代南少林武师的不断完善和发展，形成了闻名于世的南少林武术。

885年，王审知和大哥王潮、二哥王审邦，率5000人渡江南下八闽，建立闽国，原有的南少林文化与外来文化逐渐交融，并有所创新，武术方面也有了新的面貌，产生了众多独具特色的拳种及练法。

南少林武术由五祖拳、太祖拳、白鹤拳等拳种构成了独特而博大精深的拳术系统；是泉州历史文化的重要内涵，也是中华传统武术中的宝贵遗产。

阅读链接

南少林寺遗址位于福建省莆田县西天尾镇九莲山林山村，距市区约17千米。

少林功夫闻名遐迩，福建莆田南少林寺是历史上的武林圣地，曾因"南拳北腿"与河南嵩山少林寺遥相呼应，是我国佛教禅宗文化遗产和少林南拳的发祥地。

高僧福居完善少林功夫

　　五代十国时期，高僧福居特邀28家著名武术家，到嵩山少林寺演练两年，传授拳法。取各家之长，融会贯通，历经多年，使少林功夫成为一个庞大的技术体系，而不是一般意义上的门派或拳种。

　　我国武术结构复杂，门派众多，但自福居倡导完善少林功夫谱系

少林武僧雕塑

少林传奇

少林功夫历史与文化

■ 少林武术

七十二绝技 少林寺的常住院后世分成了东、西、南、北4个院，并且各院宗师自掌门户，特别在武功方面，各自收徒，秘传单传，彼此保密，造成了即使同是少林寺和尚，师父不同，所学到的功夫也有差别的局面，这种现象一直流传下来，"少林七十二绝技"就是在这种背景下出现的。

之后，少林功夫以其悠久历史、完备的体系和高超的技术境界独步天下。

根据自福居禅师以来少林寺历代流传下来的拳谱记载，少林功夫套路共有700余套，其中拳术和器械500余套，另外还有七十二绝技、擒拿、格斗、卸骨、点穴、气功等各类功法100余套。

少林功夫具体表现为，以攻防格斗的人体动作为核心，以套路为基本单位的表现形式。少林功夫的套路是由一组动作组合起来的。它的动作设计和组合成套路，都是建立在我国古代的人体医学知识上，合乎人体的运动规律。

少林功夫的动作和套路讲究动静结合、阴阳平衡、刚柔相济、神形兼备，其中最著名的是"六合"原则，即手与足合，肘与膝合，肩与胯合，心与意合，意与气合，气与力合。

我国古代的"天人合一"思想认为，最合乎人体自然结构的动作，才是最合理的。少林功夫充分融入了中国这种古代哲学思想，其套路与套路之间，不是孤立存在的，而是相互之间有所照应。

少林功夫从表面上看，是按照难易次第排列，是学习的阶梯或模式。实际上，少林功夫是我国古代思维方式的表现，是我国传统文化的特殊模式。

少林功夫内容丰富、套路繁多。按性质大致可分为内功、外功、硬功、轻功、气功等。内功以练精气为主；外功、硬功多指锻炼身体某一局部的猛力；轻功专练纵跳和超距；气功包括练气和养气。

少林功夫按技法又分拳术、棍术、枪术、刀术、剑术、技击散打、器械和器械对练等100多种。

少林派拳术有罗汉拳、小洪拳、大洪拳、老洪拳、少林五拳、五战拳、昭阳拳、连环拳、功力拳、潭腿、柔拳、六合拳、圆功拳、内功拳、炮拳、地躺拳、梅花拳、通背拳、观潮拳、金刚拳、七星拳、练

气功 是一种以呼吸的调整、身体活动的调整和意识的调整为手段，以强身健体、防病治病、健身延年、开发潜能为目的的一种身心锻炼方法。气功的种类繁多，主要可分为动功和静功。练针灸的中医也常透过练习气功来增进疗效。

源起嵩山

禅武合一

■ 少林拳术

步拳、醉八仙、猴拳、心意拳、长锤拳、五虎拳、伏虎拳、黑虎拳、大通臂、长关东拳、青龙出海拳、翻子拳、鹰爪拳、护身流拳等。

少林派的对练拳术有三合拳、咬手六合拳、开手六合拳、耳把六合拳、踢打六合拳、走马六合拳、十五合里外横炮、二十四炮、少林对拳、一百零八对拳、华拳对练、接潭腿等。

少林派拳术刚健有力、刚中有柔、朴实无华、利于实战，招招式式非打即防，没有花架子。

在练习少林拳时，不受场地限制，有"拳打卧牛之地"之说，其风格主要体现一个"硬"字，攻防兼备，以攻击为主。

少林派拳术的势不强调外形的美观，只求技击的实用。步法进退灵活，敏捷，有冲拳一条线之说。在身段与出拳上，要求手法曲而不曲，直而不直，进退出入，一切自如。

步法要求稳固而灵活，眼法讲究以目视目，运气要气沉丹田。其动作迅如闪电，转似轮旋，站如钉立，跳似轻飞。

少林武术

少林拳分南北两派，南派重拳，北派重腿，每派还分许多小派。

少林派棍术有猿猴棍、风火棍、齐眉棍、大杆子、旗门棍、小夜叉棍、大夜叉棍、小梅花棍、云阳棍、劈山棍、阴手棍、阳手棍、五虎擒羊棍等。

少林派的对练棍术有排棍、穿梭棍、六合杆、破棍12路等。

少林派棍术讲究棍打一大片，一扫一劈全身着力。棍练起来虎虎生风，节奏生动，棍法密集，快速勇猛。它既能强身健体，又能克敌制胜，在历代抗敌中，少林棍发挥过重要作用。

少林派枪术有五虎枪、夜战枪、提炉枪、拦门枪、金花双舌枪、担拦枪、十三枪、十八名枪、二十一名枪、二十四名枪、二十七名枪、三十一名暴花枪、三十六枪、四十八名枪、八十四枪、六门枪势、六路花枪、秘授枪谱三十六点、豹花枪等。

少林派的对练枪术有枪对枪、对手枪、战枪、双

夜叉 佛教天龙八部神众之一。与罗刹同为毗沙门天王的眷属。他们住于地上或空中，性格凶悍、迅猛，相貌令人生畏；母贫父富，所以生下来就具有双重性格，既吃人也护法，是佛教的护法神。

刀对枪、六合枪、三十六枪破法对练、二十一名枪对刺等。

少林枪术有一条歌诀是：

身法秀如猫、扎枪如斗虎，

枪扎一条线、枪出如射箭，

收枪如捺虎、跳步如登山，

压枪如按虎、挑枪如挑龙，

两眼要高看、身法要自然，

拦、拿、亢、点、崩、挑、拨，

各种用法奥妙全。

刀是历代重要兵器之一，其中大刀被誉为"百兵之帅"。"刀如猛虎，枪似蛟龙"，刀术的演练一招一式都要有威武、凛冽的气概。

少林的刀有春秋大刀、梅花刀、少林单刀、少林双刀、奋勇刀、纵扑刀、雪片刀、提炉大刀、抱月刀、劈山刀、少林一路大刀、二路大刀、六合单刀、座山刀、六路双刀、八路双刀、太祖卧龙刀、马门单刀、燕尾单刀、梅花双发刀、地堂双刀、滚堂刀、单刀长行刀、五虎少林追风刀等。

少林派的对练刀术有刀对刀、二合双刀、对劈单刀、对劈大刀、单刀进双刀等。

少林刀的使用特点是缠头裹脑、翻转劈扫、撩挂云刺、托架抹挑等，并有"单刀看手、双刀看走、大刀看顶手，劈、撩、斩、刺似猛虎"之说。

少林派剑术有达摩剑、乾坤剑、连环剑、太乙剑、二堂剑、五堂剑、龙形剑、飞龙剑、白猿剑、绨袍剑、刘玄德双剑、青锋剑、行龙剑、武林双剑等。

少林派的对练剑术有二堂剑、五堂剑对刺、少林剑对刺等。

少林派剑术的剑诀是：

剑是青龙剑，走剑要平善，
气要随剑行，两眼顾剑尖，
气沉两足稳，身法须自然，
剑行如飞燕，剑落如停风，
剑收如花絮，剑刺如钢钉。

少林武术器械有长的、短的、硬的、软的、带尖、带刺、带钩、带刃的，多种多

■ 少林长枪

春秋大刀 又称关公刀、春秋刀。刀头呈弯月形状，刀身宽约17厘米，中部缀有红缨，此刀两端配重均匀，在中间可以找到平衡点，使用起来力量重心操控良好，力量分配匀称。刀身宽短而重，木柄较长。

源起嵩山
禅武合一

方天画戟

样，古有十八般兵器之说，近计数不胜数。

除上述刀、枪、剑、棍以外，还有三股叉、方便铲、套三环、峨眉刺、月牙铲、和戟镰、秀圈、方天画戟、双锤、大斧、双斧、三节棍、梢子棍、七节鞭、九节鞭、双鞭、刀里加鞭、绳标、虎头双钩、草镰、"五合草镰、六合战链"、戟头钩、梅花单拐、六合双拐、马牙刺、乌龟圈、双铜、日月狼牙乾坤圈、禅杖、凤魔杖以及盾牌、弩等。

少林派技击散打有闪战移身把、心意把、虎扑把、游龙飞步、丹凤朝阳、十字乱把、老君抱葫芦、仙人摘茄、叶底偷桃、脑后砍瓜、黑虎掏心、老猴搬枝、金丝缠法、应门铁扇子、拨步炮、小鬼攥枪等。

气功是少林功夫的一大类，少林寺流传的气功有易筋经、站桩功、益寿阴阳法、混元一气功等。

少林的软硬功夫练法有多种，有卸骨法、擒拿法、点穴秘法、各种用药法、救治法等。

阅读链接

少林功夫的其他器械对练及器械拳术对练套路还有：空手夺刀、空手夺枪、单刀对枪、空手夺匕首、棍穿枪、草镰合枪、梢子棍合枪、刀对枪、双刀进枪、齐眉棍合枪、单拐进枪、双拐破枪、拐子合齐眉棍、虎头钩进枪、马牙刺合枪、乌龟圈合枪、套三环合枪、方便铲合枪、月牙铲破双枪、九节鞭对棍、钢鞭对九节鞭、月牙合枪、月牙合铜、三节棍进枪、方天画戟进枪、三英战吕布、空手夺刀枪、和戟链进枪、三股叉进枪、大刀封枪、三节棍破双枪、峨眉刺进枪等。

宋代是少林武术发展的兴旺时期。马籍之短打、孙垣之猴拳、刘兴之勾搂探手、谭方之滚臂贯耳、燕青之粘拿跌法、林冲之鸳鸯脚、孟苏之七势边拳、崔连之窝里炮捶、杨滚之捆搂、高怀德之摔掠、赵匡胤之三十六势长拳等，都在此时传入少林。

同时十八般武艺也频传少林，如杨家枪、罗家枪、梅花枪、燕青刀等。

元初，福裕和尚受元世祖之命，前往少林寺任方丈，他在和林、长安、燕蓟、太原、洛阳建立了5座少林寺，为嵩山少林寺的支寺，并派任高僧和武僧驻使，对少林武术的传播和发展起了很大的作用。

发扬光大

再展雄风

赵匡胤创少林太祖长拳

　　927年，后唐都府洛阳夹马营"累代仕官"的赵家出生了一个面方耳大、眉清目秀的婴儿，取名匡胤。这个大胖小子的出生，乐得全家合不拢嘴。赵匡胤是在安定环境中出生并度过童年的。他七八岁时，

赵匡胤画像

开始接受教育，以便子承父业，走上仕途。不料，中原的安定日子没过几年，又出现政局动乱。赵弘殷怕误儿子的学业，请来一位姓辛名文悦的同乡，给匡胤当业师，讲习五经。

　　赵匡胤10岁时，后晋灭后唐，迁都汴梁，即开封。赵弘殷也举家随迁，住进汴梁龙巷。从洛阳到汴梁，赵匡胤也逐渐长大，生就一张紫红的大脸，魁梧

的身躯，雄伟英俊，十分洒脱。他稳重深沉，善于思索，决心弃文习武，走武力统一天下的道路。

赵匡胤弃文习武后，凭着天生的聪明练骑术，学射箭，长进飞快。一次，他选择了一匹无笼头缰勒的恶马习骑，恶马不甘被役使，当他刚上马背正欲鞭策时，恶马猛地狂嘶一声四蹄乱踢，朝城内疾驰。

赵匡胤猝不及防，一头撞在城门楣上，摔下马来。观骑的人吓得倒吸一口凉气，判定赵匡胤的头颅准被撞碎。谁知，当人们赶去抢救时，他却出乎意料地慢慢站起来，接着拔腿追上去，从马后纵身一跳，飞上马背，抓鬃夹裆，硬是征服了恶马。

■ 赵匡胤夜谈图

就这样，赵匡胤刻苦砥砺，学得了娴熟的骑术和武艺，为后来建功立业打下了基础。

948年，赵匡胤21岁那年，告别娇妻贺氏，孤身一人闯荡江湖。也就在这一年，赵匡胤来到少林寺学习武术之后，自己独创了一个套路，即后世所称的"太祖长拳"的雏形。

赵匡胤在少林寺学艺之后，继续他的游侠之旅。一路上继续惩治各地恶棍。当他来到山西太原时，遇到了叔叔赵景清。当时赵景清在当地一座叫清油观的道观中出家当道士，于是赵匡胤在那里停留下来。

五经 指儒家的五部经典，即《周易》《尚书》《诗经》《礼记》《春秋》。"五经"长期作为官方指定的教科书，对中华民族文化的发展至关重要、无可替代，同时也是我国保存至今的最古的文献。

宋太祖陈桥兵变图

■ 宋太祖赵匡胤陈桥兵变图

长拳 特点是姿势舒展大方，动作灵活快速，出手长，跳得高，蹦得远，刚柔相济，快慢相间，动迅静定，节奏分明。长拳吸取了查拳、花拳、炮拳、红拳等之长，把长拳类型的手法、手型、步型、步法、腿法、平衡、跳跃等动作规格化，按照长拳运动方法编成各种拳械套路。

有一次，赵匡胤偶然看见道观中一座紧闭着的殿房里，有一个美丽的少女。一打听，原来这位少女是蒲州人，被强盗抢到这里。

侠义心肠的赵匡胤听了这位少女的悲惨遭遇，毅然决定把她送还家里。途中遭到抢夺姑娘的那伙强盗的袭击，但赵匡胤将之一一击退，最后平安地将姑娘送回家乡。这就是"千里送京娘"的佳话。

在结束游侠生涯、成为一名职业军官后，赵匡胤为了训练士卒，总结平生武学，综合士卒在战场上真拼实杀的格斗经验，编制成了三十二势拳法。

后来赵匡胤陈桥兵变，成了宋代的开国皇帝。昔日士卒自觉身价陡增，于是在民间传授赵匡胤三十二势拳法，并称之为"宋太祖三十二势长拳"。

同时，少林寺也将当年赵匡胤在寺内所创的拳法加以改进，最终形成了少林太祖长拳。

少林太祖长拳架式大而开朗，特别注重手眼身法步的密切配合与展现，演练起来豪迈奔放，优美中又不失其威猛的澎湃气势。

少林太祖长拳讲究实战，攻防格斗，称为"起如风，击如电，前手领，后手追，两手互换一气摧"。套路严谨，动作舒展，招式鲜明，步法灵活，刚柔相济，虚实并兼，行拳过步，长打短靠，爆发力强。

少林太祖长拳的劲力发挥于撑、拦、斩、卡、撩、崩、塞中，"囚身似猫，抖身如虎，行似游龙，动如闪电"。其主要手法为挑、砍、拦、封、闭、缠、扫、踹、弹、撩、钩、撞、绊、缠。交手时，讲求一胆、二力、三功、四气、五巧、六变、七奸、八狠。

少林太祖长拳在实战中，进身前"审视观察细留神，逢弱直冲入中门，遇强避锋绕步锤"，手步相连，上下相随，遇隙即攻，见空则扑。招式有非攻即防，虚中寓实，实里含虚，一式多变，借敌之力以制其身。

太祖长拳基本功主要有"三型""五功"。"三型"为头、手、步，"五功"为臂、腿、腰、桩、气。

太祖拳术后来发展成一个套路，包括有一路太祖拳、二路太祖拳、十八趟罗汉拳、遛腿架、遛脚式、八打二十式、太祖长拳、行步拳、十二趟弹腿等。

器械有太祖棍、三节棍、少林棍、十二连枪、梅花枪、四门大刀、方便铲、双手带、梅花刀、梅花双钩、万胜刀、应战刀、青龙剑、二郎剑、双钺等。

对练套路有对打太祖棍、三节棍进枪、单刀进枪、大刀进枪、子母锤对打等。

发扬光大

再展雄风

阅读链接

　　太祖长拳，为宋代开国皇帝赵匡胤，在少林寺学习武术之后，自己独创的一个套路。

　　此套路演练起来拳打一条线，可以拳打卧牛之地，在近距离的交战中发挥较大的威力，适用于近战肉搏，由于它的招式怪异，威力强大，因此往往使对手看不清它的招式，难于应对。

周侗获真传高徒辈出

周侗1040年出生于陕西华州潼关,少年习武,相传周侗的老师名叫金台,是个武状元,为三国名将姜维传人。民间有一种说法:"王不过霸,将不过李,拳不过金",意思是说:称王者以霸王项羽为最,为将者上阵厮杀以五代十国的十三太保李存孝为最,练拳的以金台为最。

■周侗画像

周侗早年就学得一身武艺,人称"陕西大侠铁臂膀周侗"。

后来,周侗又拜少林武师谭正芳为师,更得少林武术真传,且文武全才。

周侗成年后,得到当时地位显赫的包拯的赏识,进入军中为军官,后担任京师御拳馆教师。

御拳馆有天、地、人3席，周侗为"天"字教师，地位最尊，和朝中名将宗泽交好，后来梁山好汉病尉迟孙立就是得周侗引荐给宗泽，担任了登州兵马都监。他还有一个师弟，就是祝家庄的武术教师栾廷玉。

周侗专心武学，确立了少林派正规武术的若干套路，如五步十三枪戳脚，发展自少林的翻子拳，以及周侗棍等。

据说周侗悉心传授武功，在御拳馆期间正式收徒二人，一个是玉麒麟卢俊义，一个是豹子头林冲，卢俊义广有田产，不做官；林冲则继承了周侗的地位，继续担任宋军中的八十万禁军教头。

其间周侗还有一个不记名徒弟，就是武松。武松打虎后，县令孙国卿为了巴结权贵，派武松送虎骨膏到京师给高官，武松滞留京师，结识了周侗。

周侗认为武松力大，但拳术上缺少修为，因此加以指点，可惜二人交往时间太短，仅两个月武松就拜别周侗回乡，此后再未得相见。

武松在拳术武术上的不足，在此后多次暴露，比如斗杀西门庆，拳打蒋门神，都曾经吃过亏。但是他跟随周侗入御拳馆游历，大长见识，因此西门庆在狮子楼摆出金猫捕鼠的凶险步子，武松虽然不知破法，却识得厉害。

林冲

豹子头林冲

发扬光大

再展雄风

■岳飞抗金兵图

岳飞（1103—1142），字鹏举，我国历史上著名的军事家、战略家和爱国英雄。岳飞遭朝廷奸臣诬陷，被捕入狱，被朝廷杀害。后岳飞冤狱被平反，改葬于西湖畔栖霞岭。又追谥武穆、忠武，追封鄂王。岳飞是南宋最杰出的统帅，他的不朽词作《满江红》，是千古传诵的爱国名篇，另有《岳忠武王文集》传世。

同时，周侗传授武松的鸳鸯腿，也是武松的撒手铜。这一手奇特的武功被武松传授给了好友金眼彪施恩，也成了施恩的看家功夫。

周侗年老后辞官，在刘光世幕府做过一段幕宾，刘光世军驻河南，因此得以在汤阴县收岳飞为徒。周侗见岳飞家境贫困，仍在岳母的教导下，在沙面上学写字，颇为感动。故将岳飞收为义子，将自己的毕生所学传授于岳鹏举，包括排兵布阵之法。

岳飞自从和同村的小伙伴汤怀、王贵、张显拜周侗为师后，每天就在三教寺里习练武功。周侗非常喜欢这些孩子，将刀枪剑戟等十八般兵器一一尽数相传。

在各式兵器中，岳飞最喜欢用弓，有段时期曾专门向周侗学习射箭，进步很快。

这一日，周侗、岳飞师徒来到三教寺外的汤河大堤上，周侗当众演习，连发3箭，箭箭皆中。

该岳飞了，但见岳飞上前一步，定气凝神，引弓搭箭，只听"嗖"的一声，再一看，居然射破了老师周侗的箭尾。接着，岳飞又连发两箭，箭箭皆中。

周侗大吃一惊，欣喜过望，从此对岳飞尤为器重，将自己的全部射箭秘诀倾囊而授，各种武艺无不悉心指导。

岳飞经过几年的勤学苦练，箭法精准，臂力过人。18岁时便可挽300石硬弓，还掌握了左右开弓、百发百中的绝技，以致后来岳家军中不少将士在他的教授下也都成了神射手。

1123年，周侗卧病数月后已到弥留之际。这一天，他把岳飞叫到跟前，拿出自己珍藏多年的硬弓两张、素白袍一件、红鸾带一条相赠，留下遗言嘱其葬于三教寺后边。

岳飞悲痛万分，准备好衣衾棺椁，遵遗言将恩师装棺入殓，安葬于三教寺西北角，并亲书碑石。为报答恩师多年的苦心教诲，每逢初一、十五，岳飞必要带上酒食、烧纸等祭品上坟祭奠。

有时手头无钱，他就当了自己身上的衣服来买祭品。每次上坟，岳飞还要带上恩师周侗所赠硬弓，朝天引弓射上三箭，以表永怀先师传艺赠弓之恩。

阅读链接

传说岳飞受周侗"少林翻子拳"以及"关中红拳"真传，并加以发展，开创鹰爪翻子门。后来，周侗又将岳飞介绍于神枪手陈广门下，习练枪法。

陈广见岳飞勤奋好学，举止不凡，便潜心传授陈家独门七十二路枪法。经过一段时间训练，岳飞便成了全县无敌的神枪手。

岳飞发扬少林六合枪法

岳飞画像

在北宋南宋之交的1103年，岳飞出生于相州汤阴县永和乡孝悌里的一个贫苦农家。

岳飞自幼酷爱武术。他有两位恩师，一位是周侗，一位是陈广。而周侗和陈广的武功都是从嵩山少林寺学得的。

周侗一生中有3位得意弟子，分别是：勇冠三军的八十万禁军枪棒教头豹子头林冲，河北大名府绅士、水泊梁山坐第二把交椅的玉麒麟卢俊义，最后一位就是名扬天下的武穆王岳飞岳鹏举。

岳飞跟随周侗和陈广学习少

林功夫，几年下来就精通了少林拳法和十八般兵器，尤精骑射，能左右开弓三百石，对少林六合大枪更是运用得神出鬼没，有诗赞道：

> 神枪起法冷飕飕，穿心得蟒凤点头。
> 六合神枪多变化，独战军中万将愁！

关于六合枪的起源，有多种说法：

第一种说法，就是六家的枪法合到一块儿。头一家，是楚霸王项羽的项家枪。项羽使大枪占一绝，其中最绝的招是霸王一字摔枪式。因为项羽有举鼎拔山之力，所以他在枪上的功夫谁也比不了。他的盖顶三枪，打遍天下没对手，是项家枪的一绝。

第二家，是三国年间刘备手下的大将，常山赵云赵子龙的赵家枪。赵云号称常胜将军，赵家枪占着个"柔"字，以使用巧妙而驰名天下。

第三家，要算罗家枪，最出名的就是罗成，他的卧马回身枪堪称天下一绝。

第四家，是北宋杨家将六郎杨景杨延昭的枪，老杨家七郎八虎，能耐最大的就数老六杨景。他曾经写过一本枪谱，论述大枪的使用方法，别出一派，故此也占着个"绝"字。

第五家，是高家枪。白马银枪高思继，使大枪占一绝，并且枪法与众不同。

项羽持大枪塑像

■ 岳飞枪挑小梁王壁画

第六家，就是小霸王项鸿家。他们家把以上5家招数中的精华抽出来，与他家的精华合六而一，故此才叫六合枪。

另一种说法：六合枪指内、外三合。内三合：心、气、胆，外三合：手、脚、眼，眼与心合、气与力合、步与招合。

岳飞从军后，从一名小兵而官升至节度使，百战百胜，无一败绩，岳飞曾单枪匹马勇闯金兵大营，杀敌千人，刺敌酋长黑风大王。

岳飞在日常战斗中，总结很多实战经验，并创立了少林六合门派，有少林六合拳、六合刀、六合大枪，广泛传播于河南开封、汤阴、新乡、安阳等地区，后来流传于安徽、江苏、江西、山东、山西，与本地武技有效结合，逐步形成了少林岳家连拳门、少林通背门、少林意拳门、心意门、形意门等门派。

岳飞所创的少林六合门讲究的是三体式桩法，六合也分为内三合和外三合。内三合讲的是心、气、意三合，外三合讲的是肩、肘、膝三合，内柔外刚，以力为基，以快为上，攻防鲜明，且十分讲究三元六合，炼成混元一气。

同时，岳飞的师父周侗得到《易筋经》后，将它传予了岳飞。岳飞创立岳家军后，为提高部队战斗力，就印制100多本《易筋经》，分发给各支部队，练习《易筋经》功夫。

《易筋经》《洗髓经》据传是禅宗初祖菩提达摩祖师西归印度前，留在少林寺的镇寺之宝。《易筋经》可以强身壮力；《洗髓经》可以收心养性。此二经道出一源，互为表里，合练方能彼此增益。

　　岳家军中，骁勇善战的牛皋将军曾为少林《易筋》《洗髓》作序，道出了岳王的武术源流和命运，他的序文大意说：

　　我是一介武夫，目不识丁，喜好舞枪弄棒、盘马弯弓。在中原沦丧，徽、钦二帝北囚，高宗泥马渡江，江南受金人洗劫之际，我在岳元帅招募军士之时，应征入伍，初做裨将。由于屡立战功，于是封为了大将。

　　记得当年岳少保奉皇命出征，凯旋后回往鄂州，途中遇到一名游僧，其体型和容貌奇特，与罗汉相貌

发扬光大
再展雄风

■《易筋经》

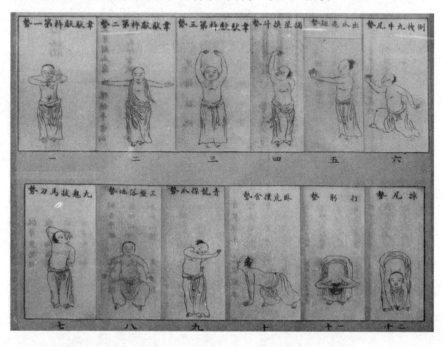

一　二　三　四　五　六

七　八　九　十　十一　十二

极为相似，手持一封信函进入军营，嘱咐我交到少保手中。

我问其缘故。僧人道：“将军知少保有神力乎？”

我说：“不知也。但吾见少保能挽百石之弓耳。”

僧道：“少保的神力是天赋予的吗？”

我说：“是的。”

僧道：“非也。我教他的，少保曾从师于我，他练就神力后，我嘱咐他出家随我入道，他不信，一心要到世间建立功勋，虽然成就了大事业并青史留名，但壮志难酬，乃天意，命、运使然也。现在祸将至矣。烦劳将军将此信函转交少保，或许他反省后能免于遭难。”

我听了这番言论后感到非常害怕和奇异。询问僧人姓名。不答。我又询问他的去处。答道：“去西方拜访达摩祖师。”

我惧其神威，不敢挽留，其飘然而去。

少保得到此信函，还没有读完，哭泣地说道：“吾师，神僧也。不出多时，吾命休矣。”

于是从衣襟袋中，取出一册书交与我，嘱咐我好生习练掌握此书功法，择人而授。不要使传授之人修道参禅半途而废，有负神僧。

岳飞抗金兵畅维臻图

■岳王及众将士凯旋蜡像

发扬光大 再展雄风

不出数月，少保果然为奸相秦桧所害。我为少保不得申冤而悲愤，从此视功勋为粪土，再也没有对于人间功名利禄的奢念。

因念少保所嘱托，不忍心辜负使其遗憾。但是我乃武夫之人，并无识人之技，不知世上谁有修佛之志，可以堪当传承之重任。既然择人难，乱传无益。现将此册传于嵩山石壁，听有道缘者自得之，以推演出进道之法门，差不多可以免去妄传之咎，可酬对少保于天上矣。

阅读链接

据史料记载，1750年，佚名氏在其所著少林六合拳序中说："岳武穆精通少林六合枪法，以枪为拳，以教将佐，名曰意拳，神巧莫测。"多年来，少林六合门在不断地发展、创新、融合、演化，流传于黄河两岸，培育出了千百万英雄儿女。

岳飞与嵩山少林寺的关系，可以说，岳飞的武功本是北少林派，其所创六合门可以称作少林六合门。这样，岳家六合枪、六合拳、六合刀都可以归结为少林嫡传。而一句"天下功夫出少林"，是最好的解释。

福裕觉远发扬少林功夫

　　260年，也就是忽必烈登基的第一年，在皇宫里，少林寺住持福裕和道士李志常等人进行了一场佛、道的大辩论，结果福裕的辩论深受忽必烈的赞叹。于是，他任命福裕为国师，掌管天下寺院和僧人，河南一带寺院统归于少林寺。

忽必烈蜡像

　　福裕，字好问，号雪庭，生于1203年，幼年便因聪明好学，被乡间称作"圣小儿"。因为家里贫穷，少年时出家为僧。而后"应少林之敦请"，主持少林寺。

　　福裕和尚受元世祖之命，前往少林寺任方丈，对少林武功的传播和发展起了很大作用。福裕禅师由于住持燕蓟盘山少林寺，因此将少林武术带来盘山，就多了"北少林"一派。

北少林功夫和嵩山祖庭一样，也是与佛法相通的，是修禅的法门之一，被称为"武术禅"。北少林武功讲究"冬练三九、夏练三伏"，"拳打百遍、其义自见"等，都是要求练习者在一种苦的状态里去专注，从而达到一种忘我的境界。

少林拳每个招式都有其技击

■ 福裕和尚画像

的意义，都会有为什么会出这个招式，这个招式的结果是怎样；而这个结果又会成为哪种情况的原因……这种无限循环的因果关系，使得少林拳包罗万象、大气磅礴。

"灭"是涅槃，但不是说死，而是达到了一个绝对宁静的状态，是解脱"苦"的境界。这也对应着少林武术的最高境界，也就是"不动心"。

在套路的反复练习中，所有的招式都已内化到自己的血液里，招式随心而出、随势而发，就算万不得已需要技击临敌时，也不会刻意地去考虑该出什么招式就能轻松应战。这正是一种崇高的宁静状态，除了招式的表象而领会到技击的真谛。

"道"就是实现"灭"的途径，简单说就是戒、定、慧。这三者在少林武术中表现得更加明显。

少林武术是佛门武术，自然要受佛门戒律的约

方丈 即禅寺中住持之居室或客殿，转而指住持之居室，后转申为禅林住持，或对师父之尊称。一般情况下只要有寺庙就有住持，而方丈必须是上规模的寺庙群才能有。并且方丈可以兼任多个寺庙，而住持则不能。

精通骑射的蒙古军队

束；少林武术又是一种参禅的途径，要求练习者的定力要够。

因此，少林武术在"见性成佛"的同时也锻炼了身体，是一种很好的修行方式。

精通骑射的蒙古人建立的元代政权，比任何一个朝代都重视习武练兵，这一时期曾以勇武出名的少林寺，在武术方面得到了空前的繁荣。

雪庭福裕作为忽必烈国师的身份给予了少林寺特殊的权利，少林寺甚至成为当时可接受民间人士公开习武的唯一场所，人们在这里交流武艺，甚至剃度为僧，将各种拳法留在了少林寺。

这一时期，少林寺中弥漫着高涨的习武热情，并在全国各地的分寺中传播交流。

蓟县公乐亭村有一个姓商的家族，自此开始便世代练习少林武术。商氏武术的创始人是商芝仕，年幼就在北少林寺习武。

后来，通过商芝仕及其后人世代的努力，盘山北少林武术在蓟县民间广泛流传。

金元时期，少林寺有一位觉远上人，他本来是严州一世家子弟，性情豪迈，精通技击和剑术，后来出家嵩山少林寺，拜恒温禅师门下，赐法名觉远。

在寺中他学会了罗汉十八手，朝夕演练，逐渐增益，将罗汉十八手推演为七十二手，被尊为少林拳法"中兴之祖"。

觉远和尚从小就喜欢练习拳脚棍棒、擒拿格斗，在性格上是一个豪放之人，喜欢结交朋友。

而且还是一个有恒心的孩子，自从觉远拜了当时非常有名气的恒温为师后，练起武来格外认真，每天都早早起床，晚上很晚才睡觉，有时在梦里还在琢磨着武术的招式。

觉远在少林寺出家时，少林寺的方丈是福居大师。福居大师当时有一个雄心，就是要完成荟萃天下武功的大业，于是他就准备派武功高强的少林僧人遍访天下武林名家，觉远和尚就是福居大师派出的武林高僧之一。

一天，觉远和尚正在街头行走，集市上走来一位年近六旬、精神矍铄、鹤发童颜的老人，手提一酱油瓶在人群中匆匆赶路。谁料人流拥挤，酱油瓶不慎从老人手中跌落，酱油飞溅，弄脏了一位壮汉的衣服。

壮汉一见大怒，不由分说，伸出巴掌，左右开弓，就朝老人脸上扇去。

老人一边后退一边躲闪，并躬身施礼道："壮士，请恕老朽有眼无珠。"但大汉对老人的赔礼道歉视而不见，反飞起一脚当胸踢来。

正当觉远路见不平，欲拔刀相助时，壮汉朝老

罗汉 阿罗汉的简称，是佛陀得道弟子修证最高的果位。罗汉者皆身心六根清净，无名烦恼已断。已了脱生死，证入涅槃。堪受诸人天尊敬供养。于寿命未尽前，仍住世间梵行少欲，戒德清净，随缘教化度众。

065

发扬光大

再展雄风

■ 少林罗汉拳

■ 少林擒拿

人的裆下又是一脚，只见老人躲闪灵巧，大汉这一脚踢在了墙上，震得泥土纷纷落地，大汉捂着脚趾连连喊叫疼。

缓过劲来的壮汉更是恼怒，纵身跳起，又朝老人脸上踢来，老人也不躲避，只是微笑着顺势抬起左手，将他的脚跟轻轻向上一抬，那大汉便仰面朝天，摔出了两丈多远。老人头也不回，朝城北走去。

觉远心想，今天肯定是遇到武林高人了，于是便尾随老人出了城门。一直追到日落西山，才见老人走进一间茅屋。

觉远忙上前叩拜，老人告诉觉远，他姓李，名奇，人称"李叟"，家乡在中原一带。李叟少年时，以擒拿著称，后商贩于兰，不肯以武功示人，平生练习大小洪拳，故身法甚灵敏，以掌法骈指为专门绝技，并精棍击。

觉远听完介绍说："弟子是少林僧人，奉方丈的命令遍访武林名家，拜师学艺。"接着又把福居方丈的打算说了一遍。

老人想了想说："我根本算不上什么武林名家，我为你推荐一个人，老友白玉峰乃当世技击家之魁，大江南北无人能及，他现居洛阳，你可以去拜访他。如果他能帮助你，要胜过我千倍。"

于是他们一同前往洛阳，几经周折，终于在洛阳福禅寺找到了白玉峰。白玉峰是山西太原人，当时已50多岁，看上去身材并不高大，但非常健壮。

李叟引见后，白玉峰笑着说："原来是福居方丈相请，如果推辞就是对方丈的不恭敬。明日我们就同回少林。"

他们在少林寺朝夕演练，取旧时宗法，融会贯通，白玉峰还将罗汉十八手增至一百七十三手，并创编了龙拳练神、虎拳练骨、豹拳练力、蛇拳练气、鹤拳练精的五拳要领，据说这就是后世的"五形拳"。

李叟也将擒拿、棍法绝技悉心传授。后少林有棍击一术，即为李叟所传。其棍共只七法，一点、二拨、三扫、四撬、五压、六坐、七退躍，其法甚精。

李氏之棍系单头式，练习时，棍倾斜，竖两手擒棍之末端，相距尺余，以棍左右向上划绕，棍尖作圆圈式，以手之虎口用力。此式熟，再开马，随棍之转侧，而身法随出，尚能于拳式中熟练，则易于致力，否则颇难入门。

后来白玉峰也剃度为僧，在少林寺做了和尚，法号"秋月禅师"。

李叟在少林寺传授武艺十余年后离开，他的儿子留在少林寺，皈依了佛门，法号"澄慧"。

觉远上人在白玉峰、李叟的传授下，遂"推阐变化以臻厥大成"，并立"十戒约规"。

白玉峰又将达摩《易筋经》十二势，及于元末明初传入少林寺的由晋代

洪拳 有大洪拳、小洪拳和老洪拳之分，素有"洪拳为诸艺之源"之说。历史上洪拳几经演变，成为我国最古老的拳术之一，属"上四门"，主要包括："红拳、梅花、弹腿、迷踪"，洪拳逐步发展为北方的红拳、南方的洪拳和中原少林看家拳，世代相传至今。

067

■ 少林洪拳

■ 许真君 晋代道士许逊。博通经史，明天文、地理、历律、五行谶纬之书，尤其喜好神仙修炼。他师事著名道士吴猛，号称大洞真君。传说他曾镇蛟斩蛇，为民除害，道法高妙，闻名遐迩，时求为弟子者甚多，被尊为净明教教祖。

许真君创的八段锦，化为少林十八法。立式八段锦原名为"许真君引道诀"，即"仰托一度理三焦，左肝右肺如射雕。东肝单托西通肾，五劳回顾七伤调。游头摆尾通心脏，手攀双足理于腰。次鸣天鼓三十六，两手掩耳后头敲"；坐式八段锦名为"钟离祖师八段锦导引法"。

觉远不仅武功高强，而且身怀十分高超的医术，据说他有一手祖传的接骨绝技。无论病人伤到什么程度，只要你还有一口气，到了大师手中，保管你人到伤除。

少林寺附近有一个财主，有一次把腰给扭折了。他不信觉远大师的医术，就叫家人把他拉到城里去，冤枉钱花了不少，病不但没有见好，反而加重了。

财主在走投无路的情况下，抱着死马当活马医的想法，叫家人把他抬到少林寺去。觉远大师仔细查看了一下便说："还好，还有救，再迟两天送来，恐怕华祖师爷来了，也只能干瞪眼了。"

财主一听，眼泪一下子流了出来："大师，您可得救救我啊，都怪我肉眼凡胎，不识菩萨真身。"

大师说："大家在医道上各有所长，人家懂的我不一定就懂。"

说话之间，大师已经麻利地在财主的身上绑了几块夹板，又拿出了一大包黑白药膏，说："一天换三次，白色的内服。"财主将信将疑地回去了。

半个月后，财主能坐起来了，一个月后，财主能站起来了，两个月后，财主再上寺院在大师面前长跪不起，连称再生父母。

其实，更让人敬佩的是大师的医德，民间相传有一次觉远大师在云游时，遇到一伙抢劫的强盗。其中有个强盗见大师身无分文，连称晦气，踢了大师几脚。刚上马走了没几步，一不小心被马颠了下来。正好跌在一块凸起的石头上，当时就翻白眼了，别的强盗把他扶起来，他自己却立不住了，原来腿折了。

这强盗当时痛得眼泪直淌，觉远大师见了疾步上前，二话不说，给他进行医治，三下两下，强盗的腿不痛了。强盗给了大师300两银子，大师坚决推辞。那强盗上马后，一步三回头，连称高人啊！

■ 八段锦内功图

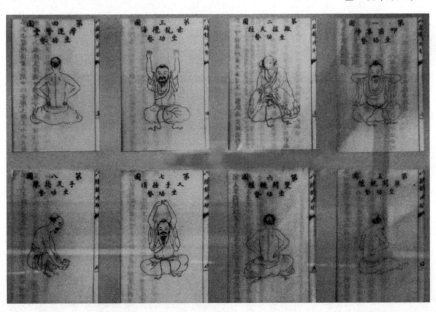

华祖师爷（约145—208），即华佗。东汉末年著名医学家，与董奉、张仲景并称"建安三神医"。他医术全面，精通内、妇、儿、针灸各科，尤其擅长外科，精于手术，被后人称为"外科圣手""外科鼻祖"。

■ 少林中医

还有一次，觉远刚刚云游回来，还没有休息，就被一阵急促的敲门声打扰。他一看，门外有一个人跪在那里。仔细一看，原来是当年的仇人。

仇人说："我已经走了很多地方，只有你才能救我儿子的命。我这一辈子只有这么一个儿子啊，你无论如何也要救救他，只要把他救好，我的命你随时都可以拿去。"

仇人布满皱纹的脸上老泪横流。觉远大师慢慢把他扶起来，说"把你的儿子抬进来吧！"

有人问："大师，你为什么要救你的仇人和强盗呢？"

大师笑道："在出家人眼里，他们都是普度的对象，在医者的眼里，他们都是我的病人。哪里还能看到别的呢？"

阅读链接

觉远是把民间武术引入少林寺的第一人，而真正"推阐变化以臻厥大成者"，应该是白玉峰，他剃度后称"秋月禅师"，属"外系僧"，即非元代福裕禅师所立的排辈中的少林寺僧。

龙拳是嵩山少林寺传世之"龙、虎、豹、蛇、鹤"五拳之一。相传为秋月禅师所创。少林龙拳是少林拳中的象形拳，相形拳多见于鸡、燕、马、牛、虎、兔、蛇、龙。

龙在人们的印象中灵活多变，远近皆易，隐而忽现，在无形中变化；无定法即为法，此拳体现了禅宗的法无定法，禅入武式，突出了中华武术的特色。

明代时期，民间习武风气盛行，这是少林功夫水平大发展时期。明代近300年间，少林寺僧人至少有6次受朝廷征调，参与官方战争行动，屡立功勋，多次受到朝廷嘉奖。少林功夫在实战中经受了检验，确立了少林功夫在武术界的权威地位。

16世纪明代的重要国策，是抗击倭寇侵扰。于是以武功闻名天下的少林武僧应征出战，他们手持铁棍，作为明军前锋。明代抗倭名将俞大猷也曾到少林寺传授棍术，所以少林寺实际上成了一个有名的会武场所，群英荟萃，各显神通。

独步天下

华夏神功

朱元璋少林寺拜师学艺

明太祖朱元璋画像

1368年，朱元璋在应天府即皇帝位，国号大明，年号洪武，开始了大明王朝。

相传，在朱元璋率师北伐的时候，听说少林寺悟胜和尚具有不平凡的功夫，他曾经用一根锡杖将两只斗得正狠的猛虎分开。朱元璋听了大为敬佩，于是经过少室山时，就专程到少林寺去会见悟胜和尚。

谁知一直等了两个多时辰，仍然不见悟胜和尚前来接驾，不由得心里有些生气。但他没有立即发作，自己依然向山上走去。

走到离山门10余里的时候，即发现悟胜和尚正立在那里一块岩石处等候，一见朱元璋，就合掌说道："小僧不知万岁驾到，有失远迎，如果万岁怪罪，就请杀了小僧吧！"

朱元璋："你为什么走出寺门这么远请斩呢？"

悟胜和尚头也没抬，回答说："我恐怕自己的血污染了清净的佛门寺院。"

朱元璋深感刚才生气太不对了，急忙向悟胜和尚道歉，恳求悟胜和尚收他为弟子。

朱元璋与刘伯温蜡像

独步天下

华夏神功

悟胜和尚思索了一下，抬起头，仍然闭着眼说："我怎么能成为您的师父呢？"

朱元璋真诚地说："我的为人处世不如您直，我的骨骼不如您硬，而且我的武功比少林普通武僧也还差很大火候，真心愿意拜您为师，希望您能收我为徒。"

悟胜和尚这时才觉得朱元璋并不是来问罪的，而是真心来拜师学艺的，于是就默认了，并将朱元璋带入少林寺，介绍给了方丈，方丈满脸笑容地接待了朱元璋。

就这样，朱元璋悄悄在少林寺中住了下来，外边的人并不知道明朝皇帝就住在少林寺中。

有一天，少林寺中喜欢画竹的宜山和尚坐在寺门外画竹，他先在竹园旁边的一通青石碑坯上铺开一张雪白的宣纸，然后握着大笔，饱蘸浓墨，闭起眼睛，深思着怎样描摹绿竹的神态。

朱元璋正好练完早功走到这里，他就站在远处观看。他早就听说宜山和尚每天除了做佛事就是种竹、看竹和画竹，尤其是画竹，简直比他吃饭穿衣服还重要。

朱元璋还听说，在宜山和尚26岁那年，他曾经去浙江普陀山受戒，当他回来时，却带回了让全寺僧人都十分意外的东西。

那天，全寺僧众都来看宜山带回了什么珍贵物品。宜山高兴异常地从挎笼里拿出来一大包东西，放在桌子上，先解开外包单，然后解内包纸，解了一层又一层，整整解了8层纸，这才亮出了宝贝的庐山真面目：原来是一些带根的竹笋！

师兄弟们看了，不由得哄堂大笑，然后边笑边散去了，宜山和尚却把竹笋栽在窗外的空地上，并且还用砖砌了一个小竹园。

朱元璋屏息静气，想看看这位传奇的和尚是怎样画竹的。突然，从山谷中有两个黑影向朱元璋和宜山和尚这里移动，朱元璋定睛一看，原来是两只大灰狼。

朱元璋一边准备拔出腰间的宝剑，一边看宜山和尚如何应对。饿狼看到宜山和尚想饱餐一顿，可偷偷走到宜山和尚背后，却瞪起大眼

■普陀山寺庙

不敢轻举妄动了。

　　只见宜山和尚坐在石头上，挺着腰杆，左手按纸，右手握笔，胳膊高悬。那狼害怕了，可宜山和尚因打腹稿思想集中，两只狼的行动他却一点也不知道。

　　"好"，腹稿完毕，"刷"地一笔下去，雪白的宣纸上，突然跃出一棵鸡蛋粗的大竹，恰似一支长矛一般。两只大灰狼一见，"嗷"的一声，夹着尾巴逃走了。

　　狼的叫声把宜山和尚从画境中惊醒过来，但他看着两只狼远去，却什么也没说。朱元璋这才松了一口气，他不但敬佩宜山和尚画的竹子太逼真了，竟然能吓跑恶狼；而且更敬佩宜山和尚的修养之功，似乎达到了达摩祖师当年面壁时"心无外骛"的境界。

　　于是，宜山和尚给朱元璋讲了自己的一件往事：

　　一年夏天，宜山和尚坐在沙溪河中的一个晾经石台上，苦思冥想，想出夏日晴竹的姿态，他不由得连吃午饭都忘记了。

　　中午刚过，忽然间浓云密布，只听得一声响雷，大雨倾盆而下，宜山和尚却觉得这是画雨竹的好机会，他可不想错过，于是就打着伞在雨中画了起来。

　　谁料想雨越下越大，竟然引发了山洪暴发，河水飞涨，而宜山和

■ 朱元璋画像

尚在大石上画得入了迷，竟然没有发觉自己身处险境。

寺里的徒弟不见师父回寺吃午饭，就冒着大雨出来寻找宜山和尚，当发现师父坐在看经石上画竹，而水已经漫到了身边，便一边大喊大叫，一边派人回寺取绳子，把绳子扔给师父，拴在他的腰上，这才把宜山和尚拉上了河岸。

宜山和尚讲完了，静静地看着朱元璋。

朱元璋缓缓点头，似乎悟到了什么。

宜山和尚接着告诉朱元璋："在我之前，还有一位别山法师，以画梅花而闻名。"

朱元璋恭敬地问道："愿闻其详。"

宜山和尚侃侃而谈：别山法师从小时就喜爱梅花。有几年一入冬，他先买几株老梅桩用山土种植盆中，放在屋内，待到春节期间，含苞怒放的梅花，暗香浮动，别山就画啊画啊，找那梅开之雅趣。

在他23岁那年，家乡遭遇了水灾，就奔少林而来，师父便给他取法名为别山。

别山法师是个有志气的人，他学禅画梅，四季不辍。师父看他心坚，就派他云游全国的名刹，通师画梅高手。别山法师在雁荡山跟着凝然法师画了七七四十九天，回归少林。

这年农历腊月二十八，北风卷着鹅毛大雪，天寒地冻，别山法师朝着立雪亭达摩像拜了再拜，就在雪中画起梅花来，从早到晚，整整画了一天。

待师弟叫他时，只见别山法师变成了雪人，盘坐在地上已站不起来，他的脚和腿冻僵了，衣服和土地冻结在了一起。再看他画的梅花，梅根像龙头探地，梅梢如龙尾冲天。正在这时，只听一声吼响，这条龙飞天了。

有一年岁寒，登封新任知县来少林寺拈香拜佛，迎面看到一株梅花傲雪盛开，那知县竟兴致勃勃上前攀折，待到花前定睛一看，方知是别山法师作的一幅梅花图。

朱元璋听得心驰神摇，深为少林僧人的用志专一而动容。

正在这时，方丈和悟胜和尚也走了出来，悟胜和尚对朱元璋说："岳飞当年曾在少林寺学过武，您知晓吗？"

朱元璋画像

■ 登封嵩山中岳庙

中岳庙 即指嵩山中岳庙，世界道教主流全真道的圣地。位于河南嵩山南麓的太室山脚下，中岳庙是道教在嵩山地区的最早基地，原是为了祀奉中岳神而设建。道家尊中岳庙为"第六小洞天"，他们认为这里是周朝的神仙王子晋的升仙之处。

朱元璋摇了摇头。

悟胜微微一笑，然后就讲起来：

那是宋高宗绍兴十年，岳飞大破金兵于蔡州，直入登封。来到登封之后，岳飞就先到了少林寺学艺，后又到中岳庙中游览，并且在中岳庙的墙壁上题了一首词。

朱元璋听到这里，非常感兴趣，他插嘴问道："那岳武穆题了什么词呢？"

方丈将眼睛闭上，缓缓诵道：

自中原板荡，夷狄交侵。余发愤河朔，起自相台，总发从军，历二百余战，虽未能远入夷荒，洗荡巢穴，亦且快国仇之万一，今又提一旅孤军振起宜兴，建康之城一鼓败虏，恨未能使匹马不回耳！

故且养兵休卒，蓄锐待敌，嗣当激励士卒，功期再战。北逾沙漠喋血虏廷，尽磨夷种，迎二圣，归京阙，取故地，上版国，朝廷无虞，主上莫枕，余之愿也！

朱元璋听了，不由得感到热血沸腾。从此练功更加勤奋了。

有一天，方丈去问朱元璋："在这一段时间里，感觉习武到何种境界了？"

朱元璋回答说："别的还好，只内功不足！"

悟胜和尚却在旁边说道："其实你已经得到了少林真传。"

悟胜和尚话音刚落，罗汉堂14名武僧"哗啦"一下奔了过来，将朱元璋围在中心。悟胜和尚说道："你试一下便知。"

方丈也点头同意了。朱元璋知道，这是少林寺的规矩，一旦自己获胜，不仅说明武艺有成，而且也就此获得了下山的资格。

朱元璋抖擞精神，小心应战，过了大约一个时辰，他竟然一一胜过了14名武僧，打过最后一关，走出了山门。

朱元璋也隐隐感觉到这是少林武僧有意相让，但自己国事繁忙，也的确不宜在少林寺久待下去，于是就向方丈和悟胜和尚告辞。

临行时，朱元璋对悟胜赞道：

胜公字豪肇，法医武又超。

育兵六百名，功德凯云霄。

阅读链接

据传，朱元璋在攻打北京时，兵力不足，曾亲赴少林寺请方丈派僧兵助战，同时，与悟胜和尚结拜为僧帝兄弟。

后来，悟胜和尚随同朱元璋到了南京。朱元璋封悟胜和尚和众僧为将军之职，但悟胜和尚坚辞不就，他代表众僧表示："乱时愿助战，平时永为僧。"

明代少林设立僧兵制度

少林寺碑刻

当历史进入明代，史书中对少林寺的记载和以前相比有了一个明显的变化，那就是关于少林功夫的记载越来越多。

少林寺碑碣、登封的地方志以及大量诗文、游记都记载了少林僧人练武的情况。这些资料表明，在明代，习武已经成为少林寺僧人每天生活的重要组成部分，并引起了世人极大的兴趣。

这一方面是因为早在元代时的少林寺住持福裕大和尚拥有国师的特殊身份，在民间禁武的环境下保护了少林寺的习武环境，他将少林

■ 少林寺塔林

寺规模空前扩大，在全国各地设立分寺，使少林功夫迅速向外传播。

　　另一方面则是得益于明代实行的"乡兵制"。

　　乡兵制是明代的基本兵役制度，明王朝的武装力量是由两部分构成的，即正规军队和乡兵，乡兵由组织隶属，定期进行训练，并随时准备赶赴战场。

　　而少林寺的僧人，也被纳入了"乡兵"的系列，被称为"僧兵"，明代的"僧兵"主要有三个来源，即少林寺、伏牛山中各寺和山西省五台山中各寺。少林僧兵自立营盘，成为一个独立的战斗团体。

　　僧兵团成立后，少林僧人练武就成为合法且有组织的行为，加之战斗搏击的需要，少林功夫在明代也就有了极大的发展。

　　少林功夫引起了皇帝的注意，僧兵就像是一支特

碑碣 古人把长方形的刻石叫"碑"。把圆首或在方圆之间，上小下大的刻石，叫"碣"。秦始皇刻石纪功，大开树立碑碣的风气。东汉以来，碑碣渐多，有碑颂、碑记，又有墓碑，用于纪事颂德，碑的形制也有了一定的格式。

■ 少林寺塔林

种部队不断接受朝廷的征调，周友、月空、小山等著名的少林僧兵就是在这种情况下走向了战场。

嵩山少林寺西面的五乳峰山坡上，坐落着我国最大的塔林。

"塔"在古代印度语中叫"塔婆"，这是音译的简称，意思就是坟墓。塔林，就是少林寺历代和尚的墓塔群。

塔林中，明代所建墓塔共148座，是少林寺建塔最多的一个朝代，而且和前朝僧人不同的是，明代的墓塔铭文，多是记载了这些和尚的武功。

这其中就有大名鼎鼎的和尚周友，明代永乐皇帝以后，军功分为奇功、首功、次功三等，周友曾经三次立下"奇功"，由此得名三奇周友。

周友的墓塔上题有"天下对手，教会武僧"8个字。显示着少林武僧的自信和向天下英雄学习的胸怀。周友的赫赫战功，使少林功夫天下闻名。

永乐皇帝

（1360—1424），明成祖朱棣，明代第三位皇帝，登基后巩固了南北边防，维护了我国版图的统一与完整。多次派郑和下西洋，加强了中外友好往来。编修《永乐大典》，疏浚大运河。将由靖难之后的疮痍局面发展至经济繁荣、国力强盛的盛世，史称"永乐盛世"。

少林寺塔林中的"三奇友公和尚塔"，外形是方形、单层、三檐。塔额为：

> 敕赐大少林禅寺，……正德年间蒙钦取宣调，镇守山陕等布政边，京御封都提调总兵，统任云南烈兵扣官，赏友公三奇和尚之寿塔。

立塔者为河南府仪卫司千长李臣及其弟子洪仲、洪良等人。

塔铭中说周友"僧俗徒众千余名，山东并南北隶直、本省睢、陈、归德、钧、许等州，监扶西遂、堰、郏、襄、宝、汝宁、两蔡、裕、邓、鲁、雀，无不有教"。

他在少林寺的弟子，有洪仲、洪良，法侄洪转、洪祜，法孙普清，重孙广记、广顺等。

周友的法侄洪转，也是一位著名的武僧，他在万历初年已80余岁，著有《梦绿堂枪法》一卷，总结了周友的枪法。

继周友等人之后，少林武僧还参加了征讨师尚诏和抗击倭寇的战役。

如少林寺《登封县帖》石刻一件，时间是1581年，内称："先年，上司调遣寺僧随征刘贼、王堂、师尚诏、倭寇等，阵亡数僧，屡有征调死功，情实可哀……"

少林武僧征讨师尚诏一

周友和尚画像

少林寺墓塔

事，见于《少林寺竺方参公塔铭并序》。该塔铭为：

师讳周，其名曰参，号竺方……于嘉靖三十二年，上司明文调用截杀，领僧兵五十名，征师尚诏。赶贼兵，运大智于沙场，战雄兵于顷刻不过，尽忠于国，丛林见得忠义……

竺方周参生于1517年，塔铭说他"族周氏，本郡人也"，"自幼习武，精究六韬"。15岁入少林寺，礼悟空和尚为师。"其性惟勇，巍堂磊落……习学演武，名播四海，武亚诸方。"他在少林寺，"纲直推举执事，三十而应役首僧。五十一而管理监寺，三载常住，岁季积蓄杂粮四百，并无徇私。"他卒于1574年，俗寿58，僧腊四十有三。

阅读链接

少林寺塔林中，还有两位武僧系同时阵亡，他们是本乐宗武和万庵同顺。二塔皆于1619年，其一塔额为："敕赐少林禅寺、授教师武公本乐和尚享寿四十一之塔"；其二为："敕赐少林禅寺都提举、征战有功顺公万安和尚享寿七十四之塔"。

1625年所立武僧大才普遍之塔，塔额为："敕赐祖庭大少林禅寺恩祖、征战有功大才便公寿八十三本大和尚之灵塔。"

另一位武僧守余宗卿，大约也是与大才普遍同时阵亡，是普遍的法孙。

月空小山率武僧痛击倭寇

1553年，正处于明代嘉靖中叶，31名少林寺武僧在月空和尚的带领下，肩负重任，奔赴淞江抗倭前线。

明代时，我国东南沿海一带屡屡遭受日本倭寇的骚扰，这些倭寇以沿海岛屿为据点，时常上岸烧杀抢掠，为此，十分头疼的明政府自然而然地想到了"寺以武显"的少林僧兵。

自从唐太宗敕封少林寺可以"招僧兵，参政事"之后，少林寺僧兵就成了公开的地方武装。每逢朝廷有什么解决不了的难题，少林寺僧兵就常常成为他们的护朝法宝。

在明代嘉靖年间，日本倭寇多由武

少林寺武僧像

■ 倭寇头盔

少林传奇

少林功夫历史与文化

中军都督府 古代官署名。明代五军都督府之一。初分领在京留守中卫、神策卫、广洋卫、牧马千户所。永乐后改广洋卫隶南京中军都督府，增蓄牧千户所。

月空和尚 是泉州少林寺第一代方丈，后来泉州少林寺便成了民间抗倭的中心。后来月空和尚在抗击倭寇的一次战斗中战死疆场。

士组成，他们在我国沿海掠夺财物，残杀百姓，成为朝廷心腹之患。倭寇使用的是倭刀，他们的刀法奇诈诡异，明军正规部队经常吃败仗，于是以武功闻名天下的少林武僧应征出战。

1553年的春天，南京中军都督府万表派人给嵩山少林寺下了一道表檄，让少林寺选派武僧前去抗倭。当时少林寺的方丈是坦然法师，他听说了倭寇的暴行，十分震惊，决定派武功高强的大弟子月空和尚为首领，带领月忠、自然、慧正、智囊等人在内的31名武僧前去抗倭。

这31位武僧都是由月空和尚一个一个仔细挑选出来的，为了确保他们确实能够"技压群僧"，月空沿用了少林寺"打出山门才出寺"的老规矩，即每名武僧都要闯过少林各项考核关。31人选定之后，寺里给他们每人配备了一匹马和一根7尺长，15千克重的铁棍，有的还配有刀枪剑等武器。

淞江一带有个白沙湾，少林僧兵抵达前线的第一战就在这里进行。这年农历七月，倭寇再次进据川沙，撤民居为营。参将卢镗率外地调来的兵士前往攻打，结果中倭寇埋伏，几乎全军覆没。

倭寇得势后，决定再一次侵扰南汇境地，此时适值少林寺僧兵前来增援，战倭寇于白沙湾。少林僧兵人数不多，却个个勇猛善战，竟奋不顾身地直捣敌营，毁倭寇停泊在岸边的舰船3艘，斩敌百余人，敌营大乱。

这场战斗被称为"白沙湾之战"，这一仗打出了少林僧兵的威风，他们个个骁勇善战，勇往直前，令倭寇闻风丧胆。

关于当时的战斗细节，明代异侠小说《云间杂志》记载说："一贼舞双刀而来，月空坐不动，将至，身忽跃起，从贼顶过，以铁棍击碎贼首。"月空动作干净利索，禅武味道相当浓烈。

在这一时期，少林功夫至少存在10支武术系统或门派。其间产生的以言传身教形态存在的武术套路和理论，已无法统计。

从月空1553年最著名的抗倭战役开始，少林功夫著作开始大量出现，少林寺僧人的神奇武功引起了世人极大的兴趣。

少林寺宗法门头制度相对封闭，严格遵守宗法传承；而佛教的游方制度在根本上是开放的，进出自由。少林寺这种特殊的开放和封闭两重性，对于少林功夫的发展和传承，对于少林功夫体系和门派的形成，都有着

参将 明代镇守边区的统兵官，无定员，位次于总兵、副总兵，分守各路。明清漕运官设置参将，协同督催粮运。清代河道官的江南河标、河营都设置参将，掌管调遣河工、守汛防险等事务。清代京师巡捕五营，各设参将防守巡逻。

■ 少林寺武僧塑像

非常重要的作用。

少林功夫信仰形态在明代也发生了变化，唐代以来的以观音菩萨愿力为核心的那罗延金刚神信仰，演变为紧那罗王神授少林寺棍法的武圣信仰，并以此激励少林寺僧人修习少林功夫。

月空和尚等人受到了中军都督府的表彰，随后领兵前往泉州，与当地军民一起同心协力进攻七星岛，一举粉碎了倭寇的老巢，打死了头目黑田，自此，沿海一带相当长的一段时间内平安无事。

朝廷为了嘉奖，在泉州又修建了一座南少林寺，月空任方丈。20年后，戚继光再次出兵抗倭，也得到了南少林和尚的大力协助。南少林寺从此成为少林和尚平倭寇的历史见证。

1573年，少林寺月空和尚抗倭20年后，东南沿海的日本倭寇再次猖獗起来，世宗皇帝无奈，再次降诏少林寺，命小山禅师亲自主持率引武僧出兵平寇。

小山和尚13岁时，最先在开元寺出家，后来，他跟着师父应白禅师在少林寺学禅11年，熟诵佛经，精通佛学，并且练就一手高超的剑术。嘉靖皇帝听说他德高望重，禅武皆精，就御封小山和尚为少林寺第二十四代方丈大和尚。

少林传奇

少林功夫历史与文化

■ 小山禅师雕像

紧那罗 在我国佛教里，紧那罗被少林寺尊为护法伽蓝，又称其为"监斋菩萨"。监斋菩萨像有三尊，分别为持法法身、护法法身、妙法法身。头顶塑有发表上升的青烟，烟雾上有赤脚而立的观音像，法身形象则祖胸赤脚，手握烧火棍，完完全全一副武林人物模样。

当东南沿海再次遭到倭寇骚扰时，浙江总督胡宗宪和抗倭名将戚继光迅速带领几万兵马，前往杭州一带平乱。

据说，胡宗宪本来就打算学南京中军都督万表，征派少林武僧出战，但他在武当山偶遇一位高人，倾谈数句之后，高人告诉他少林武僧乃是出家之人，不可随意指派，不如让他们自去抗敌。

胡宗宪觉得有理，奏明皇帝之后，就把招兵选将平倭的皇榜贴在了嵩山脚下。

小山和尚看到了这张皇榜，毫不犹豫就把它揭了下来，把少林寺僧众都集合起来说："国难当头，匹夫有责，我寺武僧当挺身赴边杀敌！"

众僧群情激愤，都愿意为国效力。

闻讯前来的征兵使臣问小山和尚："不知禅师打算出兵几许？"

小山随意答道："50名僧兵足矣。"

那使臣大感惊讶，摇摇头说："官军万众，兵强马壮，兵器精良，征战数年，尚未能平息倭寇，你这50名棍僧，能顶何事？"

小山禅师胸有成竹地说："兵不在多，而在于精，我虽50名僧众，个个都是英雄虎胆，敢上九天揽

戚继光（1528—1588），明代著名抗倭将领、军事家。官至左都督、太子太保加少保。率军于浙、闽、粤沿海诸地抗击来犯倭寇，历10余年，大小80余战，终于扫平倭寇之患，世人称其带领的军队为"戚家军"。

■ 少林武僧雕塑

■ 少林寺僧兵雕塑

圣旨 皇帝下的命令或发表的言论，是古代帝王权力的展示和象征，其轴柄质地按官员品级不同，严格区别。圣旨的材料十分考究，均为上好蚕丝制成的绫锦织品，图案多为祥云瑞鹤，富丽堂皇。圣旨两端则有翻飞的银色巨龙作为防伪标志。圣旨颜色越丰富，说明接受封赠的官员官衔越高。

月，敢入深山擒虎，武艺高强，胜敌千军万马。"

经过校场习武较量，小山方丈精选出机智勇敢、武功卓绝的僧兵50名，赶到京城，向嘉靖皇帝请命。嘉靖皇帝当即下圣旨，封小山为领兵元帅，带上封印，率领官军与僧兵前去平倭。

于是，小山禅师亲自率领50名武僧和官军奔赴东南沿海抗倭前线，他们人不歇脚，马不歇蹄，昼夜奔程，犹如神兵天降出现在敌阵前，出其不意地向日寇突然发起猛攻。

一霎间，刀光剑影，棍棒飞鸣，杀声震天，敌营大乱，打得贼兵措手不及，仓促应战，只见到处是腾云驾雾、神功出众、威风凛凛的和尚，顿时惊魂丧胆，拔腿想溜。

小山禅师大喝一声："强盗，哪里逃？"

话音未落，英勇的僧兵，个个如"飞鹰穿云"腾空翻滚，奋铁棍挥刀剑横扫敌寇，一个武僧猛扑上去，像抓小鸡一般，一把抓住一个贼兵的头，轻轻一扭，脑袋就搬了家。

一个亡命之徒，挥起战刀叽里呱啦嚎叫着向小山扑来，小山沉着应战，镇定自若，"嘿嘿"冷笑一声说："倭寇，想鸡蛋碰石头？"他边说边随意飞起一脚，把那个家伙踢出两丈多远，来不及叫出声就丧了命。

小山和尚在战场上十分英勇，并且十分聪明，据说一次一个倭寇见他目视远方坐而不动，就挥舞双刀扑过来，谁知在刀就要落在小山身上时，他猝然跃起，从倭寇头顶越过，用铁棍击碎了倭寇的脑袋。

少林僧兵与官军见了小山和尚的神技，备受鼓舞，将倭寇杀得大败。拼杀不到一个时辰，敌寇尸横遍野，剩下的残敌，狼狈逃窜。

之后，少林僧兵与当时的抗倭名将俞大猷和戚继光共同抗击倭寇，屡建奇功。

班师回朝的时候，皇帝十分想让小山和尚留在京城，小山却说："国难杀敌，平时为僧。"

他带领僧人回到了少林寺。

两年后，倭寇再次进犯，屯兵于上海附近的下沙镇。小山和尚又受朝廷敕封，立即率领36名少林弟子奔赴东南沿海，会同蔡可泉等120多名官军飞速赶到，严阵以待。这批倭寇听说小山和尚又来了，不战自退。小山等少林僧等了数日也不见倭寇，只好返回。

倭寇等了十几天，探明小山禅师已经回了少林寺，就又出来作乱。

小山和尚十分气愤，并下定决心，一定要把这股狡猾的倭寇消灭掉。他领着武僧和官

■戚继光画像

■ 戚继光操练水军图

少林传奇

少林功夫历史与文化

兵们认真地查看沿海地形，最后以四面包围之计全歼了这批倭寇。

　　戚继光经过与倭寇几次战斗，深感明军缺乏训练，临阵畏缩。他决心整饬军备，训练士兵，在金华、义乌等地招募了3000多名新兵，在观海卫等地设武场操练新兵。

　　此后，战事吃紧，戚继光又从福建调来一批老兵，增加抗倭力量，成为令倭寇闻风丧胆的"戚家军"。而由少林僧兵传授"戚家军"左手棍、金锁拳、栲子拳一度成为当时戚家军抗倭的必杀技。

阅读链接

　　相传，少林寺有部《征战立功簿》，专门记录少林僧人为国立功的事迹，书中除了月空和尚御倭寇的故事，还载有明代小山和尚三次挂帅平倭的故事。

　　现在少林寺山门两边有夹杆石，还有一对石狮子，据说这都是嘉靖皇帝为嘉奖小山和尚，而赐给少林寺的。

俞大猷回传少林实战棍术

自从唐代嵩山少林寺十三棍僧之一智空来泉州传授少林功夫，逐渐形成南派少林功夫。

到明代，东南沿海受到倭寇的侵害，民间练武的风气很盛行，泉州各乡里常常有两个馆，一个南曲馆，一个拳术馆。

学功夫，除了拳术，还就地取材，刀枪剑戟而外，生产生活用具，像锄头、扁担、长条椅，都会做武器，随手抄起来就

俞大猷塑像

■ 明代福建沿岸军民共同抗倭

李良钦（1490—1580），名三，讳天赐，公机宜超越，身材魁梧，生性秉忠，操行端严，文韬武略，武艺超群，勇猛过人，少以任侠结客，得圣僧齐眉棍法，后乃加为丈二，当时的闽浙沿海倭寇猖獗，李良钦率地方百姓族中弟子，组织武会，设教四方传习棍法，成为丈二棍法一代宗师。

使，弄起来有步有数，这是南少林的独特武术。

倭寇的骚扰侵犯，军民奋起抵抗，涌现很多抗倭好汉、民族英雄。最有名的是"俞龙戚虎"。俞是俞大猷，戚是戚继光。

俞大猷是泉州河市人，传说他的母亲是清源山水流坑人。俞大猷年轻时常常在清源山习武，在一块大石头上跳起跳落练胆量。

到俞大猷建功立业成名了后，这块大石头就被称作"练胆石"，俞大猷又亲笔题4字"君恩山重"在上面，成为后来清源山的一处人文景观。

有一个叫李良钦的人，早年浪迹江湖，晚年回到泉州，住在凤凰山少林寺，凤凰山当时叫东岳山。他看见俞大猷体格好，手脚灵活，胆子大，读书识字，人很聪明有志气，就对俞大猷说："老夫曾得异人传授，通晓少林棍法，你可愿意学，将来报效国家？"

俞大猷很欢喜，马上拜李良钦为师学功夫。一个愿意真心教，一个愿意尽心学，经过勤学苦练，俞大猷终于将少林棍法学到手，有了真本事。

有一次，李良钦和俞大猷对练少林棍，李良钦叫俞大猷大胆出手，真刀真枪进招，要试他的功夫深浅。俞大猷起初不敢真实落力，李良钦一面步步紧逼，一下赛过一下猛，一面叫俞大猷放手还击。俞大猷激起勇气，施展出全部所学的少林棍法。毕竟师父年老，徒弟年少，李良钦居然不是俞大猷的对手。

李良钦十分宽慰，说："果然是青出于蓝而胜于蓝，后生可畏！徒儿的少林棍法已在为师之上，将来必定会成大器！"

后来，俞大猷又吸收刘邦协、林琰的棍法，再取山东、河南杨家枪之妙，使自己的少林棍术无敌于天下。同时，俞大猷熟读兵法，成为文武双全的将才。

1561年，俞大猷路过河南嵩山，想起恩师所传的

■ 俞大猷征战图

■ 少林棍法

蛟龙 蛟和龙是两种不同的生物，蛟龙是蛟和龙相交而成。龙是我国传说中的一种善变化、能兴云雨、利万物的神异生物，为众鳞虫之长，四灵之首。其名殊多，有鳞者谓蛟龙，有翼者称应龙；而小者则名蛟，大者称龙。蛟龙若遇雷电暴雨，必将扶摇直上腾跃九霄，成为凌驾于真龙之上的神龙。

少林棍术出自嵩山少林寺，饮水思源，便到少林寺拜候。在寺内，俞大猷看少林寺武僧练武，特别注意少林棍僧的棍术，发现和师父李良钦所教的少林棍似是而非，相差很大。再认真比较一下，觉得比自己掌握的少林棍法差很多，不像是少林寺的真传。

俞大猷心里疑惑，便去拜会少林寺住持小山上人，向他请教。小山敬重俞大猷是朝廷命官，又是战功赫赫的武将，就集合全寺所有精通棍术的千余武僧，各人尽展功夫，演练给俞大猷看。

小山上人本来以为俞大猷看了一定会口服心服，大大奉承鼓励一番。哪知俞大猷看了，摇摇头说："下官也粗通少林棍术，只是与众位师父所练的没相同。若不嫌弃，下官愿意献丑，请各位师父指教。"

众武僧看见俞大猷要切磋武功，立刻叫好。

俞大猷将外衫脱掉，拣一支长棍，掂掂正合手，就踏马势出棍，"呼！呼！呼！呼！"将平生练就的少林棍法施展出来。只见他有进有退，有跳有闪，忽左忽右，忽前忽后，攻中有守，守中有攻，将一支长棍舞得像出海蛟龙，矫健盘旋，上下翻飞。看得少林寺众武僧眼花缭乱，齐声喝彩。

不但众武僧口服心服，小山上人也大开眼界，知道自己寺中少林棍术已失真传了，因此，就恳请俞大猷传授，众武僧也诚恳要求。

南北少林本是一家，俞大猷为众武僧求艺心切所感动，也感到自己有传授少林棍真功夫的责任，就答应了。

俞大猷告诉众僧，学习棍术必须掌握总诀，即刚柔、阴阳、攻守、动静、审势、功力等动作的灵活运用，而这些总诀，非经数年苦练是不能领会的。

但是，俞大猷军务在身，延误不得，学好武功，又非一朝一夕之事，所以就和小山上人商量挑选两个条件最好的武僧，一个叫宗擎，一个叫普从，跟俞大猷南下，随军学艺。

俞大猷的棍法集合了阵上交锋的百战经验，十分注重实用，宗擎和普从两个一直跟了俞大猷3年，把这种棍术基本学会了。俞大猷见他

■少林棍法

们技艺已成，就让他们回了少林寺，将棍法传给了其他武僧。

宗擎和普从返回嵩山少林寺，哪知普从突然不辞而别。擎宗和尚回到嵩山少林寺，尽心尽力传授少林棍术，经过十几年的努力，教出了上百个高手，擎宗也成为一个受人尊敬的高僧。

俞大猷回传少林棍，亦成为武林中的佳话。

据说，10多年后，有一天，俞大猷在北京城里的军营中又见到了宗擎和尚，原来宗擎是专门来向俞大猷禀报少林寺武僧习练棍术的情况的。

宗擎说，现在已经有百余人深得"俞公棍"要诀，看来这精妙的棍术在少林寺内不会再次失传了。

俞大猷很高兴，后来还答应了少林寺僧为寺里新建的"十方禅院"撰写创建碑记的请求，欣然提笔，写下《新建十方禅院碑》，把自己与少林寺和少林棍的这段渊源记了下来。

阅读链接

俞大猷不仅回传了少林棍法真功，还利用公务之余，把他少年时跟师父李良钦学的少林棍，结合自己多年演练的体会和临阵克敌制胜的经验，写成一本书，名为《剑经》。因为俞大猷是将棍当作长剑，剑经就是棍经。

《剑经》一写出来，俞大猷的少林棍法就天下闻名，称为"俞公棍"，《剑经》也成为明代以来的武术经典。

扁囷和尚发扬少林棍法

扁囷和尚，或作匾囷，名悟须，字无空，号扁囷，为明代著名禅师和武僧。俗姓陈，是河南禹县人。

他20岁时出家少林寺，很快深得禅学要领，在京城讲法，名震京师，同时，他武艺高强，承其师父所传棍法，曾救人于苗族山寨，苗族人把他尊为神。

据《扁囷和尚碑》中记载，扁囷刚进入少林寺时，礼梵僧哈麻为师，请求法名。

师父回答："道本无形，

扁囷和尚画像

■ 少林棍法

何名之有？"

扁囤非常不甘心地说："三世诸佛，皆有名号，弟子安得独无？"

师授一《心经》，读至"五蕴皆空"，豁然大悟。道："身尚是幻，何处求名？"

有一日，他手编大囤于师父前。师父指着囤对他说："扁囤是汝名也。"

扁囤回答："既名扁囤，内也无空？"

师父微笑着说："教外别传，方契此语！"

同时，扁囤广传《大阿弥陀经》，得到"乾没哪塔"的称号，是和尚的一种荣誉称号。

同时，在武学方面扁囤和尚是以少林棍法来著称，并创立了多种少林棍法，发展、完善了少林的棍法体系。

虽然自古以来，武术史家都认为武艺宗于棍，但并未说明少林棍的来源是什么。少林武僧为何崇尚和擅长用棍，这里有着深厚的历史渊源。

早期少林武术很重要的一个作用就是保护寺院。早在隋末之时，少林寺因隋文帝赐地660多公顷而成为拥有庞大田产的庄园。隋末大乱，少林寺成为山贼为夺粮而进攻的目标，因而寺僧为了保护其既得的利

隋文帝（541—604），隋朝开国皇帝。汉太尉杨震十四世孙。他在位期间成功地统一了严重分裂数百年的中国，开创先进的选官制度，发展文化经济，使得我国成为盛世之国。杨坚被尊为"圣人可汗"。

益，开始组织僧兵武装来保护寺院。

　　在使用兵器时，由于少林寺为佛教寺院，"慈悲为怀"乃是僧人行动的准则。这样，僧人在反击时不能以"杀人"的冷兵器如刀、枪、剑、戟作为武器，因为这有违教规。于是僧人便选择了平常并非杀人武器的棍。

　　因为棍不仅是日常最常使用的器具，作战时同样是具有杀伤力的兵器。同时，少林武僧喜欢用棍，与其生存环境有密切的关系。

　　少林寺处在嵩山深处，古时这里经常有狼虫虎豹等群兽出没，少林寺武僧生活在其间也不断受到猛兽的袭击，于是僧徒为了防身，便选择棍作为武器，以抵御猛兽的进攻。

　　所以，从那时开始，少林武僧就有出门带棍的习俗，这也是少林武僧用棍的原因之一。此外，少林武

戟 是一种我国独有的古代兵器。实际上戟是戈和矛的合成体，它既有直刃又有横刃，呈"十"字或"卜"字形，因此戟具有钩、啄、刺、割等多种用途，其杀伤能力胜过戈和矛。戟在商代即已出现，西周时也有用于作战的，但是不普遍。到了春秋时期，戟已成为常用兵器之一。

■ 少林棍法

■ 少林六合棍法

僧把棍作为一种兵器，还有一个原因是棍最容易得到，也最容易制作。

少林阴阳棍是一套别具一格的少林棍法。传说由当时的抗倭名将俞大猷所创立。这套棍法是军队中骑军棍法与步军棍法合二为一的综合套路，因此称为"阴阳棍"。

少林夜叉棍棍法多变，以扫、拨、云、架、撩、戳、劈、舞花、挑、点为主要技法，尤其挑点戳棍法较多，体现了少林棍谱中讲的"三分棍法七分枪法"的棍法要旨，是不可多得的精华套路。

少林六合棍也是少林武术中的精华，由6种棍法绝招组合而成，故称"六合棍"。这个套路是两个人以实战为基础的攻防对打。其特点是：真打实战、短兵相接、棍法简捷、直取快攻、一招制胜。

少林六合棍一直是少林寺密不外传的镇寺之宝，经过历代武术高僧的不断修正和完善，其棍法之精妙，已经达到炉火纯青的境界。

少林功夫棍是少林寺正宗传统器械之一，此棍是隋末十三棍僧救唐王流传的棍法之一，技击性强，步法稳健，动作刚劲有力，在少林传统器械中有非常独到之处。

少林疯魔棍是少林武术体系中长器械的一种，是一套风格独特的棍术套路。该套路舒展大方，走架灵活，身棍合一，主要以扫打点挂、抢劈拔架、舞花挡挑为主，其动作快慢相间，技击性强，是一套难得的棍术套路。

少林烧火棍是少林寺稀有棍术之一，被尊为"艺中之魁"。此棍又称猿猴棍和猿猴棒，动作简洁明快，质朴无华，颇具实用价值，有"练好猿猴棒，走遍天下没人挡"之说。

少林烧火棍的主要动作特点是右脚提起、左脚蹬地跳起，然后右脚落地，左脚前落，脚前掌着地成左虚步；同时右手持棍在体前向左向前向后绕拨一圆圈至身后棍端拄地，左手屈肘手心朝内由下向右上经脸部左格至左肩，小臂内旋成刁手。

少林镇山棍也是自古相传下来的，是我国宝贵的传统文化遗产，由于历史的久远与沧

■ 少林棍法

■ 少林棍法

明英宗 （1427—
1464），明朝第
六位皇帝。9岁即
位，年号正统。
曾经亲征被俘，
其弟朱祁钰被拥
立为帝，改元景
泰。后英宗被释
回京，软禁于南
宫。后来发动夺
门之变，英宗复
位，改元天顺。
庙号英宗，谥号
法天立道仁明诚
敬昭文宪武至德
广孝睿皇帝。死
后葬于十三陵之
裕陵。

桑，终以"武道家学"的形式承袭保存，可谓尘封已久，实为珍贵。

该棍法招招有势、势势有法、法法有用、奇绝古拙、长短兼用、势法齐整。在实战中，有拨、拦、圈、拿、绞、缠、撩、挂、挑、截、封、压、轴、击、扫、劈等技法。

少林齐眉棍是我国武术长器械的一种。齐眉棍立棍于地，棍高以眉齐为度，舞动时可大蹦大跳，灵活多变，棍声呼啸，气势极为勇猛。

扁囤是当时著名的神异高僧，关于他的事迹，后世资料有许多，主要有3种：一是1748年，《少林寺志》收录有"匾囤和尚碑"，明英宗曾孙新昌王朱厚尊撰文，时在1568年；二是"匾囤禅师行实碑铭"，直隶安庆府通判承德郎杜栾所撰写，1569年立石于少林寺塔林；三是20世纪初的《峨眉山志》中"匾囤禅师"传文。

另外，1692年《云南鸡足山志》"匾"条：

> 和尚不知何许人，居百接桥东土龛。日惟种匾，夜则跏趺，常以草为席，趺坐其中，形稍匾，故人呼为匾和尚。人传师持紧那罗王神咒。是夜盗数人旋绕旁，至晓，迷惑不得去，盗叩头求释，师以手挥之乃去。鼓山常有妖出，人不敢行，师以咒制之，妖遂息。山中僧众竖降妖坊于法华庵旁，今故址尚存。

通判 "通判州事"或"知事通判"的省称。是由宋太祖创设。通判由皇帝直接委派，辅佐郡政，可视为知州副职，有直接向皇帝报告的权力。通判之掌除监州外，凡兵民、钱谷、户口、赋役、狱讼听断之事，皆可裁决，但须与知州通签文书施行。通判是兼行政与监察于一身的中央官吏。

1563年，扁囤拟重返峨眉山。乘船行至夔州白帝城时，他说："道旷无涯，逢人不尽。"

遂登岸端坐而逝。徒孙普明、普云等人将他归葬

■ 少林棍法

于少林寺。而普明就是主持修建"十方禅院"的人。

扁囤和尚圆寂之后，普明等说："少林，吾师发身之地也。"

遂列瘗少林之祖茔，也就是著名的少林塔林，建塔安装，称"扁囤塔"。

扁囤塔位于塔林东北部，建于1565年仲秋，为喇嘛式砖塔，塔底部为六边形，塔身为鼓状体，前部有正书额文，刻"乾没哪塔扁囤和尚灵塔"，乾字已湮灭，后无塔铭。

塔上部为六边形，每边各有一神龛。其顶为石制塔刹。塔身风化严重，向北方倾斜。塔前有扁囤行实碑。扁囤塔是塔林中造型较为独特的塔之一。

阅读链接

明代时，著名武术家程宗猷根据扁囤和尚的事迹，著有《少林棍法阐宗》，这是最真实可信的少林棍法著作。书中介绍了小夜叉、大夜叉、阴手、破棍等少林本门棍法，并对自己在明代万历年间初入少林寺习武十几年的经历予以记载。

从书中可以得知，程宗猷去少林寺是为了学习棍法，而他之所以选择少林寺，就是因为听到了紧那罗王创少林棍的传说，但当他入寺后才知道，紧那罗王的故事其实并不属实，但幸运的是，他得知了少林棍的真正创始人。

程宗猷《少林棍法阐宗》一书中言道："棍尚少林"。而明代武术家茅元仪的《武备志》更有"诸艺宗于棍，棍宗于少林"之言。

再创辉煌

少林功夫在清代顺治、康熙数十年间，即有"天下武功在少林"一说。当时的武功高手都自诩少林真传。一些社会团体也借重少林寺的声望。并由转入南少林的一支，创立了洪门。

清代的少林名僧高手有铁斋、致善、致果、天虹、湛举、五枚、古轮、妙兴、贞续、德根等。

而真正令少林功夫名扬天下的，则是流传到民间的武林侠士，如洪熙官、方世玉、铁桥三、黄飞鸿等。

癫和尚创立少林八极拳

■癫和尚画像

1677年，陕西乾县漆水河畔的临平村，癫姓富裕之家诞生了一个男婴，父母非常高兴，因为当日天气晴朗无比，因此为之取名"蓝天"。

癫蓝天自幼喜爱拳械，尤其爱精研武功法略。同时，他博览群书，通晓天文地理、阴阳五行、九宫八卦。

1700年，癫蓝天隐姓埋名进入浙江境内一座小寺里削发为僧。他在寺内修行时，结交了很多武林同道，这为他研究武功法略提供了有利条件。

这段时间，癫和尚根据阴阳、八卦、五行的原理，按乾、坎、艮、震、巽、离、坤、兑八方，博采众家武技之长，熔为一炉，创出了内外兼修的八极拳。

癫和尚经过多年苦练，在寺内经常与同道切磋武艺，8年中无不应手取胜，受到众僧的钦佩和尊重，癫和尚的八极拳技从此闻名遐迩。

■ 太极八卦图

癫和尚为了进一步验证自己创编的八极拳技艺，于1708年春出门云游，他经常以"以武会友"的名义，并且装扮成疯疯癫癫的样子。

同年的冬天，癫和尚来到了天下第一名刹的嵩山少林寺，他想试一试自己创编的八极拳技在"天下武林之祖庭"会有何收获，并想看一看少林武功有何独到之处。

在少林寺中，癫和尚遇少林第二十四世武僧如容、如量两位禅师。如容为师兄，性情柔和，有大德之相。如量为师弟，外貌刚毅，性情孤傲。

他们于是商定下场切磋。如量性急，首先与癫和尚交手比试，几经周旋，癫和尚将如量禅师打得越战越心惊，他相继使出太祖长拳、六合拳、劈挂拳、洪拳等绝技，双方仍然相持不下。

这时，如量唯恐有失少林千年的声誉，大喝一

八卦 起源于人文始祖伏羲，表示事物自身变化的阴阳系统。用"—"代表阳，用"--"代表阴，用3个这样的符号，按照大自然的阴阳变化平行组合，组成8种不同形式，叫作八卦。每一卦形代表一定的事物。乾代表天，坤代表地，震代表雷，巽代表风，坎代表水，离代表火，艮代表山，兑代表泽。

八极拳雕塑

声，被迫使出了看家拳招和少林八步滚龙掌，在第五步翻身滚肠掌发出来时，癫和尚大惊失色。

当此之际，如容禅师呼喝一声，如量禅师不敢违背师兄命令，马上收招撤步，合掌当胸，说："阿弥陀佛，承让了。"

癫和尚也赶紧跳出圈外，他惊魂稍定后，于是立即合掌作礼，口诵佛号："阿弥陀佛，多谢师兄掌下留情。"

如容禅师微笑着说："阿弥陀佛，师弟过谦了，你所创的八极拳实有独到之处，如果不是如量师弟经验丰富，早就败在你的拳下，你们俩不分高低，我们也要好好跟你研究一下你创的八极拳呢！"

癫和尚心悦诚服，谦虚说道："不敢，不敢，小弟一定要向二位师兄多学少林的惊人绝招。"

从此，三师兄弟朝夕相处一年余，三位武林高僧互相研练，取长补短，癫和尚把八极拳传给了如容、如量，如容、如量也将少林罗汉缠打、五夫掌、八步滚龙掌等精妙技法教给了癫和尚。

癫和尚在原来八极拳的基础上，更进一步将滚肠揣掌和五夫掌、翻身推掌、八步滚龙掌、少林罗汉缠打等招式融入了八极拳的大缠小缠和运功身法之中。

癫和尚离开少林寺后，如容、如量把八极拳视为上乘拳技传于弟

少林功夫历史与文化

子，从此八极拳在少林寺生根发芽，世代相传，武林中也从此有了少林八极拳一脉。

癫和尚在嵩山少林寺掌握了大量的拳术精华，于1709年云游，意欲寻找失散的亲人、武林挚友未果，其间在四川传艺于康姓，在河南传艺于张姓。

1720年，癫和尚云游至山东庆云县境内后庄科村，结识了庄主吴天顺之子吴钟，以技相授，吴钟继承了癫和尚的八极拳艺，后又经癫的悉心传教，使枪技大进。

1735年，吴钟遵师嘱三打福建蒲田少林寺大胜，得"吴神枪"之誉，吴钟回到家乡后，受到了亲友和武林同道的敬慕，吴钟也由此正式创立武术门户，仍以八极拳定名。

此后，吴钟曾被康熙帝第十四子恂勤郡王爱新觉罗·允禵召于宫中试艺，并留于宫中授御林军枪法和拳法，从此"南京到燕京，大枪数吴钟"之说震撼京城，越传越远，一时八极拳声名大震。

吴钟自立门户后，正式传艺只有其独生女儿吴荣，族侄吴钟毓和吴漟，因吴漟天资聪慧，体力过人，是个习武的好材料，加之为人仁义忠厚，又对八极拳极为崇尚，所以吴钟便把自己毕生所学全

庆云县 辽太祖进军中原打下密云县，掳掠大量人口，置于辽河西岸，建城而居，仍称密云县，后改称庆云县。属檀州，后檀州改名祺州。金代迁治辽宁开原庆云堡镇。元末明初废县。明代万里长城从庆云西部辽河东岸通过，庆云县成为屯兵边堡之一，改称庆云堡。

誉满神州

再创辉煌

■ 吴钟武师雕塑

八极拳

部传给了吴溁。

吴溁艺后遵师嘱在武术荟萃之地孟村正式立场，对外授徒，拳法名为开门八极拳，简称八极拳，后人又称孟村吴氏八极拳。

从此四方习武之人都纷纷前来跟他拜师学艺，几年之间孟村一带的武术场子均被八极拳占领了，尚武之风甚浓的乡民以习八极拳为时尚，孟村由此成为八极拳的故乡和发祥地，人们尊称吴溁为"溁爷"。

后人称"吴钟立门户，吴溁兴门户"，从此八极门人才济济，高手频出，声誉远播海内外，于武林中独树一帜。

吴溁正式开山门对外授艺后，他将八极架以6种形式传给弟子，此后便形成了八极拳初期的6种流派，这6种流派的首传代表人物分别是：吴恺、王长阳、张克明、李大仲、高明山。

阅读链接

少林八极拳是广泛流传的优秀拳种之一。它具有雄威、刚健、暴猛等特点，更以硬拿、硬上、硬挤、硬抗、硬碰、硬撞六大开法，崩、挨、挤、贴、缠、抓、甩、肘、挂、按、砸、拨、架、挑、撩等手法，再加上踩、弹、踹、绊、钩、踩、蹬、踏等鲜明的腿法，而显得风格独特。

少林八极拳技击勇猛，速战速决，讲究以技制敌。拳谱有赞曰："八方来敌，八方击毙。"乾隆帝亦有"文有太极安天下，武有八极定乾坤"之说。

姬际可创少林心意六合拳

　　1602年，姬际可出生于山西蒲州，取字龙峰。际可自年少时，就在家塾里学文习武。他非常刻苦用功，又聪明过人，深得家长和老师们的喜爱。后来，姬际可在终南山访得名师，并得到岳武穆拳谱，加以苦练，姬际可精通大枪，据说他练"点椽功"时，骑战马，手握大

姬际可大师

■少林寺壁画

枪，每次就在乘马疾驰的瞬间，他总能刺中屋檐的下椽头。又闻"老年破流寇于村西，手歼渠魁，被人们号'神枪'"。

而且，姬际可有神拳之称，是心意六合拳、心意拳、形意拳的始祖，其间姬际可曾在少林寺学艺，故有源出少林之说。

千佛殿 少林寺最后一进大殿，也是少林寺现存最大的佛殿。因殿内绘有大型壁画五百罗汉而得名。殿内供毗卢佛，故又称毗卢阁。千佛殿明末重建。佛龛中供明代铸造的毗卢佛铜像。神龛后面北壁及东、西两壁，绘"五百罗汉朝毗卢"大型壁画，东壁是明代雕刻的阿弥陀佛玉石像。殿内地面上有48个排列成深20厘米的陷坑，据说是少林武僧练拳习武的脚坑遗址。清代朝廷禁止民间习武，少林武僧只好选择最隐蔽空旷的千佛殿习武。

姬际可在河南少林寺艺满之后，因武术精湛，便留在那教学，居留期间又对明代盛行于少林的五行拳深入研究。后有一天忽见两鸡相斗，遂悟其理而创心意六合拳。

此后，姬际可又将心意六合拳教与少林众僧。由于寺僧长期不断地在千佛殿内练内功心意把功，殿内地上被踩出了48个深深的脚坑。

清代席书锦于1894年编撰的《嵩岳游记》，记述了寺僧在千佛殿习武留下印记的情况：

> 今后殿壁，绘罗汉手搏像。屋地下陷，深数寸，传为习武场。

从脚坑的深度看，它不仅表示练功时间较长，而且表明清代少林功法也是流传内功的。

清代道光年间，有一个海发和尚，在少林寺中精研心意把，他和弟子湛谟等到了偃师境内的少林寺下院石沟寺，这里地处深山，几乎与世隔绝，海发、湛谟和尚便在这里潜心修炼心意把，从而把这一少林秘功练到了最高境界。

到了石沟寺以后，湛谟为了练功，12年夜间睡觉就睡在一个长条凳上。

当时有吴古轮5岁出家少林寺，拜湛谟为师，取法名寂勤，后随湛谟到石沟寺习武，开始跟着湛谟的弟子们学些入门功夫。

当时湛谟的弟子都是藏在窑洞中练心意把，而练把最后须发声，声音吸引了年幼的寂勤，就好奇地趴在门缝偷窥。

他爱武成癖，悟性奇高，久而久之，在窑洞里面正儿八经练习多年的人尚未窥入门径，而在外面偷学的他已经开悟，对心意把已颇有心得了。

海发和尚和湛谟和尚得知甚奇，便把这孩子叫来，见其根骨资质奇佳，令其试着演练，果然颇得其法，于是开始正式教授。

寂勤从此一练几十年，他不仅得心意把真

偃师 位于河南省西部，东邻巩义市，西接洛阳市郊区和孟津县，南倚嵩山，北临黄河。周武王伐纣之后，回师西亳，息偃戎师，马放南山，牛放桃林，表示不再用兵，偃师因此而得名。因此，西亳从周代时始称"偃师"。

115

誉满神州

再创辉煌

■ 少林功夫

皈依三宝 皈依的关键，在于其含义，而不在于其形式。皈依的意思是翻旧日之恶，依止正道而得解脱。三宝指佛宝、法宝、僧宝。佛宝，指彻悟诸法实相，而能教导他人的教主，泛指一切诸佛。平日所见的佛像，因象征佛宝住持于世，而应受行者敬仰。

■ 少林拳术

髓，还学得少林各种嫡传的拳械及功夫，技艺十分精绝。

清代同治末年，湛谟令寂勤一路打出少林寺，还俗隐居，以保存少林绝学。

寂勤还俗后使用本名吴古轮，将绝技传与其子吴山林，使少林绝技后继有人，对少林武术在民间的推广起了重要的作用。

寂勤83岁去世后，吴家世代以传承心意把为使命，历经万难，由吴山林传授于张庆贺，张庆贺将心意把传给丁洪本和吴家后人吴南方。

后令丁洪本皈依三宝，拜入少林寺住持素喜大师门下，法名释德建，终将心意把回归了少林寺。

另外，贞绪和尚任少林寺监院之时，曾把吴山林请到少林寺教了3年拳。那时他曾把心意把的一些架

势传给了一些武僧。

心意把实则是练气练柔劲，旨在行气入腹，充实肌体，达到动显于外，点化千钧；静敛于内，祛病健身。又名锄镢头，是少林寺僧人千百年来自耕自种，自食其力，在田间劳动时受锄地、掘土、摇辘轳等动作的启发，悟出的一些上乘功法。而姬际可将其融会，可谓水到渠成。

心意把仅一大式和几个侧式。只要练好了一个侧式，领悟其中奥妙，就可以变化无穷，发展成为一个武术流派。

少林武术雕塑

练心意把重在心意，并非流于形式架子，而是讲求实用，不尚花架，足练心意、气力的无上法门。正如秘谱中道：

心意把，势法单，它系少林内功拳。

拐起毛篮掌宜吐，起落身法随意变。

起如举鼎提口气，发嗯声落如分砖。

运气宜顺为要旨，落下好似掘地般。

夜静练式意集中，形似白猿跳山涧。

运百会，达涌泉，行输丹田昆仑转。

通往中脘到膻中，三合以后抵劳宫。

气从两足向上提，气达周身用呼气。

起如举鼎低颚吸，落地分砖气呼出。

左右起步循环跳，亮翅展身腾丈余。

初练每时三十六，月后九九八十一。

天天如一千日连，功到气随走遍天。

　　心意把练到高深境界，即达到了忘我、无念、了生死的无上境界。其要诀在于空，应达到三空，即心空、身空、目空。

　　心空则气闲神定，无所思虑，无所畏惧；身空则腾挪辗转自如；目空则一切不在眼里，达到无我无敌的境界，即所谓无虑也。

　　道本无相，弘之在人。练心意把时要明三节、四梢、阴阳、五行、六合，先将气调顺，排除七情六欲，演练要来回一线，不受场地限制，做到拳打卧牛之地。主练心、意、气，兼练下盘、轻功和身

■ 心意把武术

法、步法。

　　如快步，即一起前脚带后脚，平飞而去，原地翻身，起如举鼎，落如分砖，移闪腾挪，进退疾缓随身变。心意把虽然仅一个大式和几个侧式，但变幻莫测，身随意转，可应万变。发劲以粘滚为主，起落反侧都要浑身百节连贯，滚身而起。

　　如起把的练法，束滚身而起，摇膀，拧腰，横身，肘不离肋，七扭八拐，旋着转；内提外随，内外合一，束身劈打，如同龙腾虎奔之势。心意把练到高深境界，已不宜再与人动手争胜了，因它使的都是内力，伤人于无形之中，所以武德不佳之人，不能练心意把，否则伤人伤己，大违佛门慈悲之心。

　　心意把就是禅拳，首先要把握住自己，才能把握住别人。而且少林寺禅、武、医是相辅相成的，少林武功，功夫练好了才可以熟悉经

少林拳术

络，精通医理，医理精通了又可以陶冶禅心武德，这正是禅通武达医理明，三者一点不可偏废，是统一体。

明末以来，少林寺出了上百位名医，都是文武双全、内外兼修的高僧。

心意把共一个母势十二大势，其名目有：亮翅把、反身劈把捶、进步劈把捶、移身把、斜势把、顺势把、反身推苍把、撩阴把、腾挪把、展翅把、推苍把、虎扑把。

少林心意把只有单势练习形式，无套路，直线往返练习。但小洪拳、金刚拳等多种拳术套路皆是修习心意把前的必修课程。心意把已化繁为简，故仅为十二单把。此为少林派秘不外传之技。少林寺白衣殿壁画正是心意把的演练图。

阅读链接

姬际可除了把功夫传授给6个儿子外，传人有河南马学礼，和10多岁从姬际可学拳的山西曹继武，之后又把心意拳授予少林寺武僧，称之为"心意把"。

心意把历来是少林寺武僧们所渴望学到并掌握的护法秘技，但由于此法势绝妙无比，杀伤力惊人，加之得法不易，所以历来秘不示人，即使是少林弟子传授时也是慎之又慎，反复甄选。

买壮图传播心意六合拳

心意六合拳自山西蒲州姬龙峰得于少林寺后，姬龙峰膝下从学者众多，唯有河南洛阳马学礼独得心意六合拳的精髓。

后来马学礼艺成回到河南，传拳授艺。大约在清代咸丰年间，由少林心意六合拳，第五代传人买壮图传入周家口。

买壮图是河南省鲁山县西关人，生于1829年，他自幼从其舅父张聚学心意六合拳。据说由于张聚晚年丧子，怪罪练拳，不愿传授拳艺给外甥买壮图。但又怕外甥的纠缠，就传授了一个"鸡

六合拳雕塑

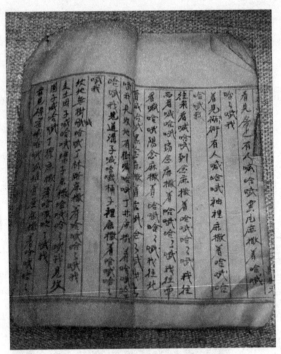

■ 古籍《心意拳谱》

少林功夫历史与文化

买壮图（1821—1877），清朝末期著名武术家、心意拳大师。买壮图大师为我国武术事业做出了贡献，把心意拳完善为以爆发力为核心的优秀拳种。创编了"买氏心意四把锤"，买氏"心意六合拳"等套路，充分发挥了心意拳在武术技击中，以少胜多，以短敌长的功能。

腿桩"和"踩鸡步"给他，并对他说，如此练习3年后再来学习。

张聚以为外甥不能坚持下来，从此断绝学拳的念头。但是，没想到买壮图学拳之志坚定，每天在家门口的枣树下站桩，一站就是几个时辰，冬天身边的积雪都被他流下的汗水所融化。

买壮图在集上做买卖，每天从集上到村里的数里路上走过时，都用踩鸡步。

村人见他这般样子都笑，但他毫不介意。三年如一日总是这样坚持，结果功夫不负有心人，他的桩功和鸡步功都达到了令人惊异的地步。

演示给张聚看时，张聚都叹服了，于是就把全部绝技都传给了买壮图。

买壮图一如既往地努力练习，最后功夫达到了入神的境界。

在心意六合拳发展史上，买壮图是一位承前启后、继往开来的人物。他创"买式四把捶"，将原有二十八式精减，仅留四手，广为流传。

他以鸡形步与人试技，能发人丈余，随即又如影随形般疾纵而至接住对方不至丢失脸面。

为了生计，买壮图常年往来于鲁山与周家口之间做些皮货生意。

有一次，周家口回、汉两族群众之间因故发生规模较大的械斗，经买壮图出面调停后，事端得以平息了，之后，当地回族群众在周家口西寨清真寺宴请买壮图。

买壮图当场表演了少林心意六合拳，其拳如虎之登山，如龙之行空，周家口著名回族拳师袁凤仪、武举人袁长青等皆为之倾倒。

其后，袁凤仪遂拜买壮图为师，学习心意六合拳。

袁凤仪练功刻苦，而且天分很高，深得买壮图的器重，毫无保留地将心意六合拳的秘传，悉数传给了袁凤仪。这样，袁凤仪虽然只跟随买壮图学艺4年，却已将心意六合拳练得炉火纯青。

袁凤仪的弟子中，有尚学礼、卢嵩高、杨殿卿、宋国宾等，其中以"周口三杰"尚学礼、杨殿卿、卢嵩高最为著名。

尚学礼，周家口沙河西岸人，自幼随袁凤仪学习心

■ 威力巨大的六合拳

■ 少林心意六合拳
雕塑

意六合拳，是"周口三杰"中的大师兄，以功力见长。据说他在练习单把时，能将数米之外的蜡烛打灭。

有一年，河南洛阳设"天下大擂"，广招英才，有一位姓张的拳师大洪拳练得出神入化，连续半个月在擂台上打败了十几位高手。

正好尚学礼去洛阳办事，便赶去擂台，挑战该张姓拳师。上台后尚学礼先用"踩鸡步"走了数步，只见搭擂台用的木板步步开裂，想以此技威慑张拳师，使他能够知难而退，但张不为所动，依然直扑而上。用一"穿心腿"直端尚学礼心窝。

尚学礼以深厚的抗打功力不让不避，直驱而上，用胸腹硬接了张一脚，并且口发雷声，张的身躯应声飞出一丈之外，重重摔倒。

张起来后再次用侧踹腿踹击尚学礼身体，尚学礼调步而避，迅速穿插到张的侧翼，以"怀抱顽石""搬双把"将张从胯下挑起，凌空过头抛下擂台。

尚学礼无子，尚青癸继承其技法，另授李豪友、穆廷斌、吕瑞芳、周作民、石耀如等。其中以李豪友最为著名。

大洪拳 据说来自宋太祖赵匡胤习练的拳术六步架，另说上古伏羲造之，尧王则之，老之继之，是少林武功的基础拳种。凡练少林拳术、器械、短打、技击者，都从大洪拳起手，故素有"洪拳为诸艺之源"之称。

杨殿卿，周家口人，"周口三杰"的二师兄，性格持重，待人和善，不到万不得已，绝不伤人。但出手快捷，善用"虎抱头"式以肘击人，故有"笑面虎"之称。

杨殿卿的"剪手大劈"也是一绝，不管对手以什么样的拳法从哪个方向打来，杨殿卿都可以以此动作将人震飞。

杨殿卿晚年时曾有一次推小车到集上办事，途中不慎撞到一青年，该青年蛮横无理，对着杨殿卿的身躯猛击了几拳，杨殿卿安然无恙，该青年回家后，手臂肿胀，数日不消。

该青年一打听原来所打之人是大名鼎鼎的杨殿卿，于是托人备礼来向杨殿卿道歉，杨殿卿遂赠其中药一帖，消其肿胀。

当来人问到为何挨打后不还手时，杨殿卿说："我们练拳的人，是铁打的，挨几拳不碍事。但是一般人像纸糊的，点破了就不好了。"可见其武德之高。

杨殿卿一生在河南传艺，弟子众多，比较著名者有杨洪顺、杨洪生、庆老恩、马贵龙、马孝山、郭希圣、杨响林、苏训魁、吕炳田、

■ 心意六合拳

■ 少林拳术

镖局 受人钱财，凭借武功，专门为人保护财物或保障人身安全的机构。古时由于交通不便，客旅艰辛不安全，保镖行业应运而生，镖局随之成立。镖局有镖旗、镖号。

吕瑞芳等人。

卢嵩高，周家口人，他幼时练习少林派拳术，后在岔河口高家茶馆巧遇往来于鲁山、周家口之间做生意的心意六合拳一代宗师买壮图，从此专习少林心意六合拳。

自得名师传授后，卢嵩高深得心意六合拳之精义，十余年如一日，晨昏苦练，终成一代承上启下，继往开来的拳家巨子。谱传是心意六合拳第八代传人，是少林心意六合拳在发扬光大方面最具有代表性的人物。

卢嵩高艺成后，先在老师袁凤仪经营的万胜镖局充当镖师。后在湖北、安徽、上海等地传艺多年，最后定居上海。

从其学艺者较著名的有李尊贤、刘洪顺、于化龙、李书元、王效荣、李尊思、马晓凯、马义芳、孙少甫、陶自洪、王守贤、解兴榜、王蓝田、张兆元、凌汉兴、裴锡荣等。

心意六合拳的特点是由心生意，又由意转化为拳招，六合与心意相互联系结为一体，以心意支配行动，以六合贯串心意。

"心意六合"拳意为内三合、外三合，内三合为"心与气合，气与意合，意与力合"；外三合为"手与足合，肩与胯合，肘与脐合"。

心意六合拳的基本功是"趟腿"和"四把锤"。"四把锤"即亲扑站、横拳、鹞子入林、鹰捉。其诀语曰："出手横拳势难招，展开中平前后销，转身挑领阴阳势，鹰捉四平足下抛"。

心意六合拳主要是模仿龙、虎、熊、马、猴、蛇、鹰、鹞、鸡、燕10种动物在追杀捕食搏斗时的动作，取其形，会其意而发展形成的拳术。特点是凶、狠、猛、疾、洒、刚、柔，擅长格斗。

心意六合拳的基本步法主要是依赖鸡形的体现，不管是寸步、过步、箭步、垫步等，也不管是进攻还是防守，都不能离开鸡形的根本特征。在心意门拳法技艺里面更是有"打遍天下老鸡形"的美誉，这也是对鸡形

镖师 是一个古老的行业。在古代社会中，随着商业的发展、财物流通的日益增多，保护流动、流通中的人员、财物安全的保镖行业应运而生。至明清时期，发展至鼎盛。后来由于种种原因，这个行业曾一度消失。

■ 心意六合拳

心意六合拳

步法重要性的体现。

锻炼鸡步趟腿、鸡步掂腿是心意六合拳里锻炼基本步法和身形的主要方法，在实际盘练中二者又有各自的侧重点，鸡步趟腿主要侧重于腿部基本功的锻炼，同时锻炼足踩膝撞等的一些技术，鸡步掂腿不但是心意六合拳基本腿法的锻炼，同时也锻炼了灵活多变的基本身形以及主要的进身方法。

买壮图所传心意六合拳是以鹰熊二式为变化核心，进攻像鹰防守像熊，越此二式其拳艺失真。

卢嵩高在此基础上将心意六合拳分为10大把，分别是龙形格横、虎蹲山、鹰捉、熊出洞、踩鸡步、鹞子入林、猴缩蹲、夜马奔槽、燕子抄水、蛇拨草。心意六合拳所采十形，内寓六合，因此称为十大真形六合拳。

阅读链接

"心意六合拳"动作简单，内容丰富，功用无穷。"心意拳"集养生、健身、技击于一体，不论年龄大小，场地大小，均可盘练。

十大真形并非纯是模仿动物外形，而是取10种动物争斗特长充实心意拳内涵，即龙有搜骨之法、虎有扑战之勇、猫有捕捉之妙、熊有守洞之威、鹰有捉拿之精、猴有纵身之灵、鹞有侧翅之力、马有奔腾之功、蛇有拨草之巧、燕有取水之能。

练习时各个动作都有动物之真意，如：虎有扑意，猴有灵意，鹰有捉拿之意等。套路还有器械，如六合枪、六合刀、三节棍、两节棍、小镰子及对练等。

蔡玉明完善少林五祖拳

明清时期，南派少林功夫已在闽南地区广泛流传。作为南派少林拳门系中主要拳种太祖拳的一代传人，五祖拳发展史上的一代宗师，就是蔡玉明。

蔡玉明，原名蔡谦，又名怡河，字玉明，号汝南。生于1853年。晋江罗山大浯塘村人，后迁住邻村蔡氏族人聚居地的罗山帮尾村。

蔡玉明幼年随父迁居漳州谋生，在漳州开设

■蔡玉明雕塑

少林五祖拳

"怡丰"酱油店,蔡玉明自幼资质聪慧,从小就立下了自强之志,决心习武,其父曾经聘请河南拳师何阳教蔡玉明少林五祖拳。

少林五祖拳也称为南少林五祖拳,本发源于泉州少林寺,是南少林武术体系中主要的代表拳种,居福建武坛七大拳种之首。

相传,清代乾隆年间,泉州少林寺曾被焚于大火之中。其寺僧几乎全部覆没,只幸存5位清字辈的和尚:清草和尚蔡德宗、清芳和尚方大洪、清色和尚马超兴、清如和尚胡德帝、清生和尚李释开。

这5位和尚逃离后,继续以传教少林武术为己任。于是这泉州少林寺的南少林拳术就传播于民间。这5位和尚被尊称为"少林五祖",故其传播的南少林拳术就称为"五祖拳"或"少林五祖拳"。

蔡玉明刚成年时,父亲便病故了,他继承了有7间铺子的酱油店,家境宽裕。为了继续钻研技艺,蔡玉明豪爽慷慨,接纳四方同道,切磋拳术,在江湖上有"小孟尝"之称。

有一次,有人演习了一套"连城拳",蔡玉明非

马超兴 生性好武,因仰慕南少林武功而辗转进入福建少林寺皈依佛门。他天性聪慧,肯吃苦用功,武功快速精进,因不堪寂寞,且自恃武艺精湛,期限未满便欲私自下山。闯越"十八铜人阵"时,右手中指被打断,因此得了个"九爪和尚"的浑号。

常赏识其中一些招式的刚柔之法，就将那人留在家中虚心求教，直到把整套拳学下来，并在以后整理少林五祖拳时，将这套拳法的风格融入，仍取这一种名为"连城"。

清代光绪年间，蔡玉明考中武秀才。但他淡于名利，无意仕进；一心痴迷于武技的学习，拳术的精进。他广交武林朋友、江湖同道，谦虚求教于各个拳种的名师高手，勤学苦练、锲而不舍。

胸怀武术大志的蔡玉明，深知欲求拳术的精深造诣，需要通晓南北拳派的拳技特色，取他人之所长，补自家之所短。

为此，青年蔡玉明为进一步钻研拳术，托人代理酱油店生意，自己带足盘缠，毅然离家北上，遍寻武林之乡，投师学艺，结交四方同道朋友，广泛切磋交流，直至中年才返回家乡。

蔡玉明在游历期间，一心探究其他拳派的功夫，以博采各家之长。

经10多年精研，蔡玉明吸收白鹤手、齐天指、太祖足、达尊身、罗汉步的优点，融于少林五祖拳法中，渐渐使少林五祖拳成为内外

孟尝 指孟尝君田文，战国时齐国贵族，战国时期四公子之一。齐国的宗室大臣。因封于薛，即山东滕县东南，又称薛公，号孟尝君。门下有食客数千人，他以礼贤下士出名，后世以"孟尝"作为急侠好义的代名词。

■ 五祖拳

功夫较为系统、完善的拳派。

蔡玉明回到家乡后，为光大五祖拳派，他受聘为泉州府教头，并在泉州城里开设"龙会""圣公"两家武馆，开馆授徒，以武会友。

当时，泉州府有个著名的太祖拳师林九如，被称为"闽南五虎"之首，身材高大，膂力惊人，练就一双铁砂掌，所向无敌手。蔡玉明到泉州后，便邀林九如以江湖规矩进行比试。

林九如见蔡玉明瘦小不过百斤，不以为意，不料二人一次交手，林九如便败在蔡玉明手下。

林九如深知蔡玉明比自己技高一筹，心服口服，要拜蔡玉明为师。

从此，蔡玉明和五祖拳声名大噪，求学者接踵而至。少林五祖拳开始在闽南地区广泛流传，并随着闽南华侨在东南亚一带流传开去。

蔡玉明的学生众多，门下高手济济。经过蔡门师徒几代衍传，蔡氏少林五祖拳的弟子，可谓满门桃李盛出，硕果遍布于海内外。

闽南地区的人们对闽南武林中的"永春郑礼书，泉州枋尾鹤"之说仍记忆犹新。

铁砂掌 亦少林寺之秘传，其法实脱胎于一指禅功夫。是将铁砂浸入特定药材后，再置入麻袋中，然后透过功法练习而来的掌上真功夫，可攻可守，练久后，可劈砖裂石。铁砂掌功法能使双手力大无穷，有强筋健骨、流畅气血、提高内脏的功能，祛病延年的功效。

132

少林传奇

少林功夫历史与文化

五祖拳画像

永春，指永春白鹤拳的名拳师郑礼书；泉州枋尾鹤，因蔡玉明家居泉州南门外罗山梧桉枋尾村，故称枋尾鹤。"鹤"，即指他首先创立的五祖鹤阳拳法。

蔡玉明数十年如一日，探究技艺，总结、提炼、升华，吸取诸多拳派之优点，从而使五祖拳法更加实用化，其技艺和理论更加的系统化和进一步的完善。

继蔡玉明之后五祖门

著名的传人有：九手满天星林九如，怪脚翻天豹魏隐南，钻天鹞子陈魁，金翼大鹏陈京铭，拳头布袋尤俊岸，凤尾手何海等。

此外还有武举人尤祝三，著有《中华柔术大全》一书，庄詹师，大古秧翁朝言，油条爽，江子霖、柯彩云，庄鸿钧等，秀面虎沈阳德等。

少林五祖拳包括了太祖、罗汉、达尊、行者、白鹤五派拳术之精华，有它独特的风格和鲜明的特点。

太祖拳：相传为宋太祖赵匡胤传下太祖长拳三十二势，该拳之特点为：讲究姿势工整，气势雄伟，发拳刚劲有力，动作威猛，手法简练实用，变化

永春白鹤拳 在唐宋已成体系又经1000多年发展完善的南少林拳械技法。其发劲原理系方七娘取白鹤"振翅弹抖"之劲与南少林桩马相互融合，形成上下呼应之力而别于其他南少林拳法。这一发劲特征遵循了俞大猷《剑经》"刚于他力前，柔乘他力后"的理论。

清代易筋经招式

灵活，逼靠快速，攻守于毫发之间。

罗汉拳：其特点为：以形寓拳，拳法紧凑，讲究寸劲和以气催力，刚中带柔，柔中有刚，步法稳健，注重身法，气派端正威武。

达尊功：达尊为达摩尊者的简称。为达摩祖师所传之《易筋经》与《洗髓经》的内养功法。注重运气吐纳，讲究以形导气、以意导气，专司气功。

行者：行者即源于齐天大圣孙悟空的猴拳，为仿生拳术，以形为拳。其特点为：身法灵活，出手快速，穿蹦跳跃、躲闪进退敏捷。

白鹤拳：以白鹤为形的仿生拳术。其特点为：技法多变，动作轻盈，走闪灵活，劲力刚脆，刚柔相济，以化柔见长。

少林五祖拳具有勇猛彪悍之形，雄伟磅礴之势；动作简练，拳势激烈，富有阳刚之美；劲力浑厚刚强，发劲讲究力催三关、运腰送肩，出拳要求以点着力，有"金刚劲"之称。

少林五祖拳强调运功发劲要与运气密切地结合，有独特的狮子吼运气法；步法稳健，要求"四点金"落地，十趾翘则足力生，兜前足以固膀胱，夹裆、束臀、提肛而锁真气。

少林五祖拳身形强调百会提则头挺，牙关起而项强，两肩坠而心胸守；手法讲究吞、吐、浮、沉；桥法讲究过、添、断、粘；拳法讲究重与快；腿法讲究低与冷。

清代易筋经招式

少林五祖拳技法的应用上要求技不离中门，出手对子午，垂肘不露胁；运招要求招中藏招、招上变招；技击总诀要求：以静待动，后发而制人；以柔克刚，四两拨千斤；以速御迟，用快制敌；以虚击实，出其不意；以拙制巧，待时而发。

总之，少林五祖拳是架式较小、拳法多而腿法偏少的拳种；集形、法、气于一体，具养、练、修之功能；以刚猛著称而变化微妙，刚中藏柔，善于守而利于近攻短打。

阅读链接

"五祖"表示集中了5种拳派的特点，而其根是"鹤拳"，故保留了原有"白鹤拳"的名称；因其中渗透凤阳拳师的技法，故又称"五祖鹤阳拳"。

蔡玉明曾把少林技法也融合于五祖鹤阳拳里，故也称"少林玉明派"。其著名门徒有3支：

一支为永春林九如。传其子林天恩及泉州崇福寺妙月和尚等，再传晋江周志强等。

二支为南安沈扬德。沈氏早年出洋，侨居新加坡创办中华国术馆，至今盛传不衰。后传厦门新坡邱思德等。

三支为厦门杨捷玉，在鼓浪屿创办鹤武国术馆，传技给柯金木，再传其子柯仲庆等。杨捷玉兼精跌打伤科，春满杏林、载誉为鹭岛，深受群众尊敬。

铁线拳咏春拳誉满天下

铁桥三1813年出生，原名梁坤，广东南海人。年幼时就非常嗜武，少时拜少林名手金李胡子为师，平生好习拳技，游览各地，寻师访友，苦练少林武术，到了十四五岁，已经练得一身好功夫。

后来，梁坤有机会遇到洪拳巨子、名闻江南的福建莆田少林寺的觉因和尚，对他的武功非常景仰，遂拜其为师，入广州白云山能仁寺带发修行，在寺中学艺7年。梁坤既练功刻苦，又能恭敬侍候师父，很受觉因的赏识，因此觉因和尚把拿手本领都传给了他。

觉因和尚在110岁时圆寂，梁坤失去恩师后不想继续在寺中修

■ 少林寺武僧塑像

行，于是离开寺庙下山居住。

据传说，有一天梁坤在长堤散步，见到有人在表演武术，围观的人非常多，气氛甚为热闹，纷纷扔钱捧场。梁坤见到是这种江湖武功时，心里颇有些不以为然，于是兴致大发也要比武，主动说要给众人表演一番。

梁坤当场挑选了围观的6名群众，让他们吊在自己的手臂上走了好几百步，却始终面不改色心不跳。群众惊讶得简直不敢相信，都说他的铁臂是前所未见的神力。

■ 少林武术雕塑

凭着这一次偶然的机会，梁坤开始在广州扬名，很多人都想拜他为师，而众多家庭也都纷纷请他教授子弟。因为他在家排行第三，所以当时人便称他为"铁桥三"。

此后，铁桥三以一身武艺行走江湖，不仅广收门徒，而且经常资助穷苦子弟，行侠仗义。到清代光绪年间，他已经是名满南粤大地的武林高手，位居"广东十虎"前列。

铁桥三在广州期间，主要居住在海幢寺。他经常与寺中的和尚尘异、修己、智圆等人互授拳棍之术，切磋武艺。这个时候铁桥三已经创出铁线拳，他把自己的绝技悉数拿出来与众和尚交流，而寺中和尚也把鼠尾棍法传授给他。

光绪 爱新觉罗·载湉，清朝第十一位皇帝，在位别名光绪。光绪帝一生受到慈禧太后的掌控，未曾掌握实权。1898年，光绪帝实行"戊戌变法"，但却受到以慈禧太后为首的保守派的反对。光绪帝打算依靠袁世凯囚禁慈禧，但反被袁世凯出卖，从此被慈禧幽禁在中南海瀛台。整个维新不过历时103天，史称"百日维新"。1908年11月14日光绪帝病死，年仅38岁，葬于清西陵的崇陵。

■ 咏春名师画像

铁桥三最大的贡献是创立完善了少林铁线拳。铁线拳属于少林外家拳之内功手法，专为锻炼桥手之用，是铁桥三的绝技。

铁线拳是一套养生拳，以运动肢干、畅通血脉为主，具有壮魄健体、反弱为强的功能。其大纲分外膀手与内膀手二式，外膀手属外功，即手、眼、身、腰、马；内膀手属内功，即心、神、意、气、力。它以刚、柔、逼、直、分、定、串、提、留、运、制、订十二支桥手为经纬，阴阳并用，以气透劲，又以二字钳羊马势保固腰肾。

练此拳法要求动中有静，静中有动，放而不放，留而不留，疾而不乱，徐而不弛，无论男女老少，皆能习之，恒久练习，有祛病延年之效。

当时，广州河南富商蔡赞、富家子伍熙官等相继聘请铁桥三到家中教习。铁桥三利用这个机会，进一步加强了自己在武功上的修炼，同时还有意收了一些

广东十虎 清末时期广东省有10位武功极高、受人尊敬的武林怪杰。分别是：侠家拳王隐林、九龙拳黄澄可、铁砂掌苏黑虎、无影脚黄麒英、软绵掌周泰、鹤阳拳谭济筠、七星拳黎仁超、鹰爪王陈铁志、醉拳苏乞儿苏灿、铁桥三梁坤。

有天分的徒弟，例如育善堂中医施雨良及孖指添、区珠以及林福成等人。

这些徒弟拜入他门下后，铁桥三都把铁线拳法传授给他们。铁桥三曾对众弟子说，铁线拳是洪拳至宝，弟子们一定要谨记在心，切勿滥传轻泄于世。他的首徒林福成后来把铁线拳传授给黄飞鸿，让这套拳法益发发扬光大。

铁桥三对武学之道从未感到知足，而是更加精益求精。当他听说新会的外海乡茶寇庵寺有位名叫意诚的和尚非常擅使五点梅花棍，不顾年老体衰，亲自前往讨教，直到把这套棍法都学到手才回到广州。

铁桥三在武术上博采众长，声誉传遍武林，进入老年之后身体却一直很虚弱，又因在海幢寺随圆光和尚苦练三十六点铜环棍，终于积劳成疾，1886年，铁桥三染病而卒，享寿七十。

■ 咏春拳雕塑

■ 严咏春雕塑

■ 严咏春雕塑

丈夫 古代在我国有些部落有抢婚的习俗。女子选择夫婿，主要看这个男子是否够高度，一般以身高一丈为标准。当时的一丈基本相当于后世的1.7米。有了这个身高一丈的夫婿，才可以抵御强人的抢婚。根据这种情况，女子都称她所嫁的男人为"丈夫"。

清乾隆年间，在广东省有一户姓严的人家，户主严二，曾是少林俗家弟子，严二妻早逝，只遗下一个女儿，取名"咏春"，生得花容月貌，少而聪颖，行动矫健，磊落有丈夫气。

严咏春自幼由父母做主，许于福建泉州盐商梁博俦。但不久严二因事被人诬告，为避官府通缉，唯有携咏春远走他乡。父女二人逃至人地生疏的川滇边区大凉山脚，严氏父女才觉松一口气，于是安顿下来，开了一家豆腐店，生活倒也算安定。

严氏父女因豆腐做得好，连居于山上的五枚师太也常常下山来购买，由此，渐渐变得熟稔。

五枚师太是少林派弟子，而且还是少林白鹤拳高手。由于福建南少林被焚，她为了避祸，隐居于川滇边界的大凉山。

鹤拳是南少林嫡传武技之一。相传有一位少林僧徒名叫方慧石，避隐于福州沙莲寺，方慧石膝下有一女儿名叫方七娘，他就将全身的武艺传授给了女儿。

一天，方七娘正埋头飞梭织布。突然，一只白鹤翩翩飞翔，在她的屋顶盘旋俯视，最后飞到厅堂来，伫立织机旁边，仰头朝七娘凝视，许久都不肯飞走。

七娘见了，十分惊异，她顺手抓起梭盒向白鹤掷去。但见白鹤轻轻展翅，把梭盒子反弹了回来。

七娘又举起织布用的那枝竹砚策，朝白鹤身上打去。没想到白鹤一脚轻轻抖动，那竹砚策又被弹了回来。这下，可叫七娘倍觉神奇。

这一天，那羽毛丰满、白洁如雪的鹤鸟终不飞走。夜幕降临，方慧石叫七娘端出白饭、番薯米，放在厅堂上喂白鹤。白鹤一口也没动，便栖息于厅中的神梁间。七娘和父亲无可奈何，只好各自入睡去了。

黑沉沉的夜，万籁俱寂。方七娘在酣睡中，不知何时进入了梦乡。金色的阳光沐浴着朵朵盛开的鲜花，清风吹来阵阵沁人心脾的芬芳，小庭院窗明几净，方七娘正挥刀练武。

神梁 即安放"大梁"之神姜子牙的主梁。传说姜子牙归国封神，众神皆已归位完毕，唯剩姜子牙无位可封，恰一抬头，发现了大梁，于是最后就封姜尚为大梁之神。过去在农村，每当房子即将建好的时候，要用红纸写上"姜太公在此镇守"之类的条幅贴在主梁上，以镇灾难。

■ 少林绝技"鹤拳"

咏春拳塑像

少林功夫历史与文化

醍醐灌顶 由佛教的醍醐喻发展而来。醍醐：酥酪上凝聚的油。用纯酥油浇到头上。佛教指灌输智慧，使人彻底觉悟。比喻听了高明的意见使人受到很大启发。后来也用于形容清凉舒适。

突然，一个老翁出现在她跟前，那老翁笑容可掬地说："我乃白鹤仙人，今日特来相助。我有拳家正法，似刚非刚，似柔非柔，名曰鹤拳。你若愿意，我当全部传授给你。"

方七娘听后，真是喜从天降；高兴得连忙下跪，拜鹤仙为师。待她站立起来，那白鹤仙人已无影无踪，只听得和蔼的呼唤："我就歇在厅堂的梁上，天亮再见。"

方七娘醒来，兴高采烈地把方才梦见的一切对父亲说了。天一亮，父女俩就在厅堂上，跟着那只白鹤的教练习拳。为此夜以继日的千锤百炼，不到几个月，方七娘成了远近闻名，独树一帜的白鹤拳能手。

方七娘日日练习，并将少林拳法熔于一炉，创出白鹤门拳法。白鹤门拳法内容分为4种：飞鹤拳法、鸣鹤拳法、宿鹤拳法、食鹤拳法。

后来，白鹤拳传至五枚师太，由于她是女人，学起来更加合适，遂成为其中高手。

美丽的严咏春，不但吸引了很多年轻人的目光，还引起当地一黄姓土豪的注意，他欺负严氏父女一老一弱，派人来强行说亲。并要挟他们说："如不定期过门，将会对你们不利！"

面有忧色的严氏父女，引起了五枚师太的好奇心，当知悉详情后，五枚见义勇为的侠义心肠油然而生。但由于自己的特殊身份，不便公然拔刀相助。她只好带走了严咏春，并让严父极力拖延婚事。

严咏春一心跟随五枚师太苦练，更巧的是，之前她随父亲严二练习的，正是少林白鹤拳，这样就更加顺当了。

有一天，严咏春正在练习拳法，忽见山间蛇鹤相斗，她看得出了神，豁然如醍醐灌顶，从而悟出拳术之道，并得五枚大师之修正，因而武功大进。

严咏春要求五枚大师为拳命名，大师则答道："你既名咏春，就将咏春命名此拳可也。"于是咏春拳之名正式诞生了。

严咏春艺成之后，又出现在了豆腐店中，而且风姿似乎更胜从前，黄姓土豪又来催促成亲。不想严咏春却提出了一个令人大感诧异的条件："要想娶我，除非将我打败！"

黄姓土豪力大如牛，曾学过三招两式，同乡人都畏惧他的身手，无人敢跟他较量。如今漂亮而体态婀娜的小姑娘竟提出这个"荒唐"的条件，他乐得掩口大笑。

可惜"荒唐"的并非严咏春的条件，而是比武结果：壮硕如牛的

■咏春拳

大汉，竟然被娇小玲珑的小姑娘三两下击倒在地。

当着众多围观者的面，黄姓土豪无话可说，只得答应从此不再骚扰严氏父女二人。也算这土豪守信，据说从此再无事发生。

之后，严咏春继续跟随五枚师太苦练这套新创拳术，至技成为止。五枚师太随后云游四方，在临行前交代咏春将这套拳技好好练习，并"严守宗风"，切勿随便外传。

后来，咏春做到了这一点，她并没有将这套"武技"外传，只不过传给了自己的丈夫梁博俦，据说其中还有一段有趣的故事：

梁博俦最初曾学过别家武功，故从来不认为自己那漂亮动人的未婚妻有多大的本领，直至洞房那晚他吃了苦头后才改变了想法。

洞房之夜，顽皮的严咏春给他的夫婿出了一个小小的难题：她将两膝夹起来，除非他能够分开她的双腿，否则休想动她分毫！

久练"二字钳羊马"的严咏春，这"钳膝力"可是全部下盘功夫所致，梁博俦又怎能奈何得了她？据说后来还是由他的岳父严二出面，才给他解了围。

从此以后，这位严咏春的唯一"学生"，不仅专心致志地跟她苦练，还将这套由太太处得来的拳术发扬光大了。

梁博俦因与红船中人友好，并常与其友梁兰桂、黄华宝及梁二娣等饮酒论技，于是有时更将咏春拳与华宝等人交换红船之名技六点半棍。及后更与华宝等人随红船漂流，在此期间，他们更日夕钻研，苦心练习，没两年已尽得其奥秘了。

梁兰桂、黄华宝及梁二娣等可称之为咏春拳派之第三传。黄华宝60岁后退居于佛山快子市青云街。快子市有名医梁赞行医于杏济堂，颇负盛名，佛山人称之为赞先生。而黄华宝与赞先生友善，且退休后长日多暇，乃至杏济堂与赞先生饮酒论技，并将咏春拳术，尽传于赞先生，这时已经到了清代道光年间。

梁赞不仅医术精湛，交游广阔，人缘甚佳，而且生性好武技，涉猎甚广，但并未令其满意，自随黄华宝习咏春以后，他即感到咏春拳在法度用力、身型和手法上，无一不是上乘之法；再凭其天资聪颖，苦心钻研，终使咏春拳更加完善。

然而，梁赞因店务缠身，未能广授徒众，能得其真传者，除其二子梁春及梁碧外，仅陈华顺一人。

阅读链接

能将少林咏春拳术一派推广者，首推叶问。叶问本为佛山名门望族之子，因年幼体弱，7岁便投入陈华顺门下学习咏春拳术，而陈华顺以其聪颖过人，勤奋好学，故经常亲自教授，而吴仲素则从旁协助，常与叶问过招，将咏春拳奥妙逐一指点，叶问因而武技大进。

陈华顺去世后，叶问随吴仲素苦练3年，比前更大有进步，时年不过15岁。翌年，叶问奉其父命来港就读于圣士提反学校，在此期间，得同学介绍，认识梁赞先生之子梁碧，并随梁碧修炼咏春拳术，尽得其学，且技更大进，而性情亦变为谦厚和蔼。

20年来，叶问对咏春之改善及推广，使咏春一派能在我国香港、台湾地区及世界各地得以发扬光大，声名大噪。

黄飞鸿少林神功四海扬名

黄飞鸿画像

黄飞鸿，原名叫黄锡祥，字达云，1847年生于广东佛山。黄飞鸿的父亲黄麒英是一位拳师，乃晚清"广东十虎"之一。

黄飞鸿6岁起就跟随父亲习武。当时家境贫寒，幼小的他就经常跟着父亲在广州、佛山等地卖武售药。

13岁的时候，黄飞鸿在佛山卖武的时候，遇到了少林高手铁桥三的首徒林福成，林见他禀赋奇佳，自然非常喜爱，传给他铁线拳、

■ 黄飞鸿纪念馆

誉满神州

再创辉煌

飞铊等绝技，这为黄飞鸿奠定了日后成为洪拳大家的基础。稍后，黄飞鸿在宋辉镗处学得无影脚，武艺日臻精进。

1863年，黄飞鸿和父亲移居广州。因为他父子武艺高强，好打抱不平，所以非常受拥戴。

当地的铜铁行的工人们自愿集资，为他们在广州西关第七甫水脚开设武馆。因为黄飞鸿的名气，前来报名学艺的人络绎不绝。

从此，黄飞鸿广收弟子，结束了卖艺流浪的漂泊生涯。第二年，因为信服他的人品和武艺，广州果栏、菜栏、鱼栏三栏行中人联名聘黄飞鸿为行中的武术教练。

1866年，广州西樵官山墟的一家当铺在深夜被一伙歹徒打劫，谁知正逞凶之时，恰好遇到了黄飞鸿。黄飞鸿一人奋起搏杀，竟把这几十人全部击退，在

黄麒英 广东民间中"广东十虎"之一，亦是黄飞鸿的父亲。黄麒英少时卖技街衢，以卖艺求生。后得武术家陆阿采赏识，拜之为师，10年间练成武艺。艺成之后开设宝芝林开馆授徒。黄麒英以虎鹤双形拳的功夫著称。黄麒英把平生所学都传给了儿子黄飞鸿。

■黄飞鸿塑像

少林功夫历史与文化

四象 古人把东、北、西、南四方的每一方七宿想象为4种动物形象，叫作四象。四象在我国传统文化中指青龙、白虎、朱雀、玄武，源于我国古代的星宿信仰。在二十八宿中，四象用来划分天上的星宿，也称四神、四灵。四象在春秋易传的天文阴阳学说中，是指四季天然气象。

当地传为佳话。附近村镇地方的人们听说后仰慕不已，纷纷请他到自己那里教拳授徒。

有一次，有人对黄飞鸿说，在香港有一个洋人从国外带来一条大狼狗，这只狗非比寻常，个头像小牛犊那么大，而且凶猛异常。那洋人竟然在香港设下擂台，向华人发出邀请函邀斗。

黄飞鸿一听大怒，立刻拍案而起："他竟敢如此侮辱欺凌中国人！我一定要管！"

于是收拾行囊出发，直奔香港。擂台之上，黄飞鸿意气风发，几记"猴行拐脚"就把恶犬击毙在台上。台下欢呼雷动，洋人一见灰溜溜地逃走了。

1868年，在香港水坑口大篁地，小贩鹏玉被一个当地的恶霸欺凌，摊子被踢，人也被打得遍体鳞伤。黄飞鸿正好路过，见到以后自是伸手相助。

这家伙随即招来几十个同伙，手拿刀棒等凶械围攻黄飞鸿，黄飞鸿又怎么会惧怕他们？他赤手空拳，闪展腾挪之间把这帮人打得丢盔弃甲、仓皇逃窜。

1869年在佛山平政桥斗蟀场，正在为卢九叔做现场保镖的黄飞鸿被一伙歹人围攻，他大施拳脚予以严惩；有拳师向他挑战，黄飞鸿以一套"四象标龙棍"大胜对手的"左手钓鱼棍法"，此后又以礼相待，令对方心悦诚服……

黄飞鸿一生以弘扬国粹，振兴岭南武术为己任，对洪拳进行了较为全面的整理，并以飞砣入埕、采高青、五郎八卦棍、无影脚等绝技闻名，后世传下的主要拳术套路有工字伏虎拳、虎鹤双形拳、铁线拳、五形拳；主要器械套路有五郎八卦棍、子母刀、单刀、飞铊、行者棒、瑶家大耙、形意箫、挑等。

工字伏虎拳腰马稳健，桥手刚劲，法门紧密，进退有规。恒久练习，不必站马而腰马自坚，不必打桩而桥手自劲，是学习其他拳术、器械的基础。

虎鹤双形拳由黄飞鸿集各家之精华融会贯通而创立。套路中既取虎的"劲"和"形"，又取鹤的"象"和"意"。虎形练气与力，动作沉雄，声威叱咤，有龙腾虎跃之势；鹤形练精与神，身手灵捷、动作迅速，有气静神闲之妙，故称虎鹤双形拳。

虎鹤双形拳手形有拳、掌、指、爪、钩，手法有抛、挂、撞、插等，步法有弓步、马步、虚步、独立步和麒麟步等，步法讲究落

八卦棍 八卦门的长器械之一，一般棍长5尺左右，要求长棍短用，直棍曲用，以棍带身。时而棍扫一片，时而锁、扣、钩、缠，善于变化，以变应变，打中有走，走中有击，阴阳互变。主要棍法有点、崩、扫、砸、劈、推、缠、扎、挑、撩、架。八卦棍中没有一个舞花。这套棍法具有较强的实用价值，棍点很多。

誉满神州

再创辉煌

■ 黄飞鸿用来练功的"飞砣"

刘永福塑像

地生根，身形注重挺拔端庄。整套动作既吸取佛家拳的凌厉攻势，又吸取洪家拳的严密守势，拳势威武，刚柔并用，长短兼施，此为黄飞鸿一门之代表拳法。

五郎八卦棍法由宋代杨家将之一的杨五郎始创。五郎随父征契丹，后至五台山为僧，以枪化棍，棍法由太极生两仪，两仪生四象，四象生八卦，演变为六十四点棍法，符合内外八卦八八六十四之数，故名五郎八卦棍。

此棍法流传至黄飞鸿手中后，黄飞鸿将其融入南派武学功法精华，并由高徒林世荣发扬光大。此棍法长短兼施，双单并用，法门多而密，以圈、点、枪、割、抽、挑、拨、弹、掣、标、压、敲、击等14字为诀。风格朴实无华，结构严谨、威猛沉雄、利于实战，为南派上乘棍法之一。

不仅在民间，就是在当时的清朝廷，黄飞鸿也是声名远播。1873年，广州水师聘他为水师武术教练，随后提督吴全美聘他为军中技击教练。

1888年，黑旗军首领刘永福赏识黄飞鸿武艺高强、精通医术，聘他为军医官和福字军技击总教练，还向他赠送"医艺精通"的匾额。

后来，他在自己开设的医馆"宝芝林"门前，贴出了这样的告示："武艺功夫，难以传授，千金不传，求师莫问。"从此之后，他只行医不授武。

同时，黄飞鸿还将民间传统艺术醒狮进行挖掘、整理、刻苦训练，在原有的南派醒狮技艺的基础上，吸收融入武术舞狮的技艺，由高桩醒狮、民间武术梅花桩与南派民间醒狮套路相融合，并汇入当地民间风格特色，技艺高难，编排巧妙，融舞蹈、武术、杂技、力度、美学于一体，形成新一派醒狮。

黄飞鸿狮艺表演项目有传统鼓点表演，如七星鼓或三星鼓等，发展到醒狮表演如狮上高椿采蛇青、飞鸿八星阵等。狮子本来生活在地上，却非要让它爬高上下，在几根飞鸿八星阵柱子上又跑又跳，玩出惊

■ 黄飞鸿狮艺表演

单刀

险的花样，把人吓得气也不敢出。美其名曰"百业兴旺，步步登高"。

黄飞鸿的一生充满传奇色彩，他纵横江湖数十年，凭着过人的勇敢、智慧和绝技，身经百战，显赫辉煌。成为中外闻名的武术大师。他武艺高强且崇尚武德，推尚"习武德为先"，从不恃强凌弱，坚持以德服人。

黄飞鸿力主摒除门派之阂，能者为师，更是力排重男轻女之见，最先收授女弟子和组织女子舞狮队的武师之一。

他弘扬国粹、匡扶正义、见义勇为、扶弱助贫、济世为怀的风范，在武术界留下了许多脍炙人口的逸事，被世人广为传颂。

少林传奇

少林功夫历史与文化

阅读链接

铁桥三及其弟子林福成、黄泰、黄飞鸿、林世荣等是洪拳中最大的一派。洪拳在明末清初传入广东，在广东流行甚广，是广东"洪、刘、蔡、李、莫"五大拳之首。

黄飞鸿随父黄麒英学习伏虎拳以及先辈以龙、蛇、虎、豹等的象形及特性创编的洪拳，并尽得铁桥三"铁线拳"的真传，又向苏乞儿学习"醉八仙掌"，创"无影脚""飞砣"等绝技。